TAJINES

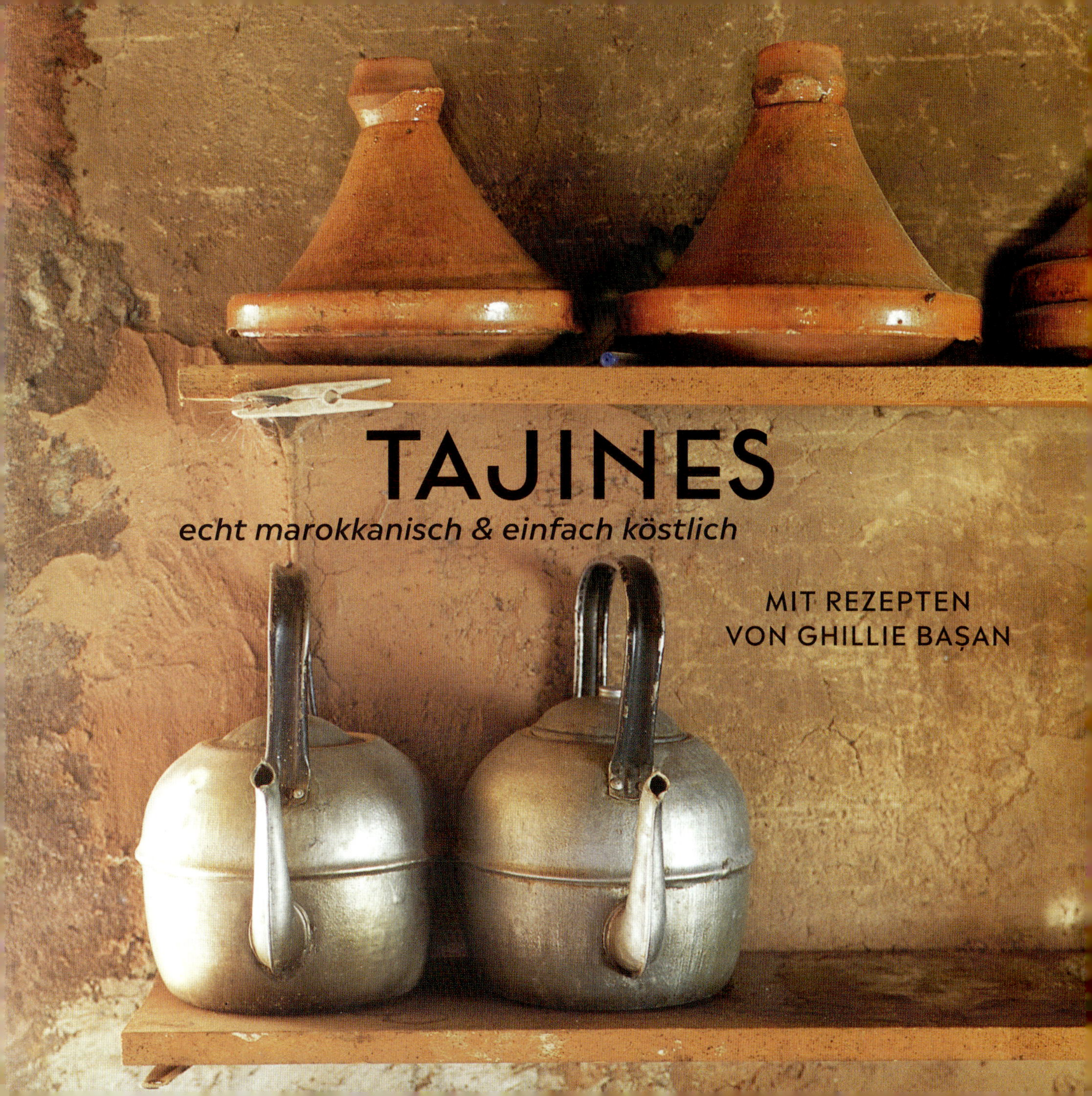

TAJINES

echt marokkanisch & einfach köstlich

MIT REZEPTEN
VON GHILLIE BAŞAN

IMPRESSUM

Die englische Originalausgabe erschien 2012 und 2018 unter dem Titel "easy tagine – delicious recipes for Moroccon one-pot cooking" bei Ryland, Peters & Small, London.

www.hädecke.de
www.instagram.com/haedecke
www.facebook.com/haedecke.verlag
www.mizzis-kuechenblock.de

Gedruckt auf FSC®-Materialien aus zertifizierten Wäldern und anderen kontrollierten Quellen.

Printed in China 2023

4 3 2 1 | 2026 2025 2024 2023

ISBN 978-3-7750-0823-5

Ein verlagsneues Buch bekommt man in Deutschland und Österreich überall zum selben Preis. Die kulturelle Vielfalt wird durch die gesetzliche Preisbindung geschützt. Auf dem Land und in der Stadt, im Internet und in jeder Buchhandlung gilt der gebundene Ladenpreis.

Fotos, s. Fotonachweise Seite 240
Übersetzung aus dem Englischen von: **Franziska Weyer, Simone Graff, Birgit van der Avoort** und **Joachim Graff.**
Lektorat der deutschen Ausgabe: **Monika Graff** · Redaktion der deutschen Ausgabe: **Hädecke Team** · Gestaltung der deutschen Ausgabe: **Julia Graff, Hädecke Verlag,** unter Verwendung der Lumier von *Tour de Force* und der Madera von *Malou Verlomme/Monotype*.

MIX
Paper from responsible sources
FSC www.fsc.org
FSC® C106563

INHALT

ABKÜRZUNGEN & HINWEISE ZU DEN REZEPTEN

Die Temperaturangaben dieses Buches sind in °C (Grad Celsius) angegeben. Bei der Zubereitung im Backofen ist die Temperatur eines Elektroherds mit normaler Ober- und Unterhitze gemeint. Bei Umluft kann sich die Zeit verkürzen, für Gasherde beachten Sie bitte die Angaben des Geräteherstellers. Die in den Rezepten angegebenen Zubereitungszeiten sind Circaangaben. Die Löffelangaben beziehen sich, soweit nicht anders vermerkt, immer auf das gestrichene Maß.

EL = Esslöffel
TL = Teelöffel
ml = Milliliter ($\frac{1}{1000}$ l)
l = Liter
g = Gramm
kg = Kilogramm
cm = Zentimeter
mm = Millimeter ($\frac{1}{10}$ cm)
ca. = circa
kl. = klein
Ø = Durchmesser

DAS GEHEIMNIS DER TAJINE

Farbenfroh, kunstvoll angerichtet, voller Aromen und ein Fest für alle Sinne – das Essen Marokkos spiegelt den faszinierenden Mix der Kulturen wider, die im Laufe der Zeit Einfluss nahmen: die Berber mit der traditionellen Zubereitung in der Tajine und Couscous-Gerichten; die Beduinen aus den Wüstengebieten, die Datteln, Mandeln und Getreide ins Spiel brachten; die aus Spanien vertriebenen Mauren, durch die Oliven und -öl sowie andalusische Gewürze wie Paprika und andere Kräuter ins Land kamen; die sephardischen Juden, die u. a. ihre Technik, Lebensmittel mit Salz haltbar zu machen, beisteuerten; die Araber, deren raffinierte Genüsse des Mittleren Ostens die Küche bereicherten; die Osmanen, die Spieße und Gebäck einfließen ließen und zu guter Letzt die Franzosen, die für die Finesse ihrer Kochkunst bekannt sind.

Die Wurzeln der marokkanischen Küche gehen zurück auf Berbervölker, deren Vorfahren schon vor Beginn archäologischer Aufzeichnungen in der Gegend zwischen Ägypten und der Westküste Marokkos lebten. Die Berber beeinflussten lange vor den Arabern das Essen dieser Region. Auch wenn sie im Laufe der Geschichte den islamischen Glauben und damit neue Ernährungsgewohnheiten übernahmen, so legen sie Wert darauf, nicht von Arabern abzustammen. Die Tuareg und Rif sind bekanntere Berbervölker, die eigene Sprachen haben. Daneben gibt es unterschiedliche Dialekte. Die meisten sprechen heute jedoch arabisch, in manchen Gegenden auch französisch. Leidenschaftlich pflegen sie ihre kulinarischen Traditionen, die vor allem während der *moussem,* auf Heilige zurückgehende Feste im Maghreb, feierlich zelebriert

werden. In Zeltstädten werden klassische Gerichte in großen Mengen zubereitet und untereinander geteilt. Aber auch auf einer *diffa* kommen diese Traditionen zum Tragen: ein festliches Bankett, das dem Reichtum des Gastgebers entsprechend in Größe und Auswahl variieren kann, und das zu wichtigen Feiern wie z. B. Hochzeiten stattfindet.

Klassisch wird eine Tajine als einzelner Gang serviert. Dazu reicht man frisches Fladenbrot oder knusprige Brotlaibe, um die köstlichen Saucen aufzunehmen.

Anschließend kommen große Schüsseln mit dampfendem Couscous. In der modernen Küche werden mehrere Gänge kombiniert, zu denen oft Salat serviert wird. Bei festlichen Anlässen wird Couscous zu einer Pyramide gehäuft, deren Spitze so eingedrückt wird, dass die Tajine in die entstandene Mulde gelöffelt werden kann. Die meisten Tonformen sind für die bei Festen nötigen Mengen nicht groß genug, daher werden meist große Kupferkessel verwendet.

Tajines und Couscous verdanken wir den Berbern.

Als Tajine wird sowohl die Speise, als auch die Kochform bezeichnet, in der über offenem Feuer Gerichte garen, die hocharomatisch und ausbalanciert, pikant oder süßlich würzig eine wohlriechende Eintopf-Offenbarung sind! In Perfektion gegarter zarter Fisch, Fleisch, das auf der Zunge zergeht, und saftiges Gemüse – allesamt in sämigen Saucen mit Früchten, Kräutern, Honig und speziellen Gewürzen. Eine echte Tajine ist eine Klasse für sich und Symbol marokkanischer Küche schlechthin. Die Form ist eine flache runde Tonschale mit einem konischen Deckel, der die Feuchtigkeit und die Aromen während des sanften Garens mit wenig Flüssigkeit erhält. Dann wird entweder dampfend heiß direkt hieraus serviert oder in eine noch dekorativere, häufig blaugrün glasierte Tajine-Form umgefüllt.

Das ursprüngliche Gericht der Berber unterlag im Laufe der Geschichte vielen Einflüssen (siehe Seite 7). Traditionelle Tajine-Rezepte sind zum Beispiel Kombinationen aus Lammfleisch mit getrockneten Pflaumen oder Aprikosen, Hühnerfleisch mit eingelegten Zitronen und Oliven, Entenfleisch mit Datteln und Honig

und Fisch mit Tomaten, Limetten und Koriander. Auch im heutigen Maghreb sind die Berber noch immer berühmt für ihre aromatischen Tajines mit Zwiebeln und geklärter, gereifter Butter (*smen*, Seite 14), die einen ganz eigenen Geschmack hat.

Die Gartechnik in der Tajine variiert von Land zu Stadt: Im Norden, in Städten wie Casablanca oder Tanger, in denen spanische und französische Einflüsse unübersehbar sind, wird das Fleisch oft in Butter oder Öl angebräunt und die Gewürze und Zwiebeln darin angeschwitzt, bevor die restlichen Zutaten dazukommen. Für Tajines in Marrakesch oder Fès hingegen werden alle Zutaten mit etwas Flüssigkeit gegart, Butter oder *smen* erst gegen Ende der Garzeit hinzugefügt.

Das Geheimnis einer echten Tajine besteht darin, die Zutaten auf kleiner Flamme sanft köcheln zu lassen, damit Fleisch oder Gemüse zart und saftig bleiben. Fleisch-Tajines werden daher häufig mehrere Stunden in einer würzigen, duftenden Flüssigkeit gegart, bis das Fleisch so zart ist, dass es sich fast von selbst vom Knochen löst. Tajines mit Gemüse, Hülsenfrüchten oder Fisch haben zwar weniger lange Garzeiten, doch auch dabei verstärkt das sanfte Köcheln unter dem konischen Deckel die Aromen.

Kochen mit der Tajine: Ursprünglich wurde sie auf einem Tonofen oder über einem Holzkohlebecken gegart, das eine konstante Hitze abgab. Dabei wird die Kohle rund um den Boden der Tajine-Form platziert. So kann durch die gleichmäßige Hitze die Flüssigkeit einkochen und eindicken, ohne dass das Gericht austrocknet. Auch Kamine oder offene Feuerstellen werden verwendet. Doch eine köstliche Tajine lässt sich auch auf einem modernen Kochfeld oder im Backofen zubereiten. Ganz traditionelle Tajine-Formen haben in der Spitze des Deckels ein kleines Loch, damit dort Dampf entweichen kann und nicht unten herausdrückt. Hat Ihre Form kein Loch, einfach den Deckel während des Garens regelmäßig anheben, um etwas Dampf entweichen zu lassen. Wird im Ofen gegart, wird meist nur das Unterteil der Form verwendet. Zwar gibt es eine Vielzahl verschiedener Tajine-Kochformen, doch nicht alle erhältlichen eignen sich auch für alle Hitzequellen. Gute Hersteller geben an, wie ihre Gefäße zu nutzen sind. Unglasierte Natur-Tajines aus Ton müssen vor Gebrauch gewässert werden, manche auch eingekocht (ausführliche Informationen dazu haben wir online für Sie bereitgestellt unter *https://hvlink.de/tajine-einkochen*). Für Induktionskochfelder muss eine Zwischenplatte genutzt werden, da normale Tajine-Gefäße kein Metall enthalten. Töpfe geringerer Qualität neigen zu Haarrissen, wenn sie auf Gasherden verwendet werden. Für den Kauf dekorativ glasierter Tajine-Formen auf nordafrikanischen Märkten sei angemerkt, dass dies keine (!) Koch-, sondern Servierformen sind, bei denen auf die Lebensmittelechtheit der Farben zu achten ist. Es lohnt sich, auch bei Tajine-Formen auf Markenqualitäten mit Herstellergarantie zurückzugreifen. Wer den Kauf einer Tajine scheut, kann alternativ einen Schmortopf mit Deckel und dickem Boden verwenden. Für eine leckere, saftige, aromatische Tajine lohnt es sich aber, traditionell geformten Keramik- oder Tonformen auszuprobieren.

SALZ-ZITRONEN

In Salz eingelegte Zitronen geben einen angenehm frischen und säuerlichen Geschmack und eignen sich hervorragend als Zutat oder Beigabe zu diversen Gerichten. Für Tajines sind sie unerlässlich, geben aber auch Salaten oder Ihren Lieblingsgerichten eine besondere Note. Gläser mit fertig eingelegten Zitronen gibt es in orientalischen und afrikanischen Lebensmittelläden, doch am besten schmecken sie selbst gemacht.

FÜR 1 GROSSES GLAS

10 Bio-Zitronen*, je nach Geschmack dünnschalige Meyer-Zitronen oder dickschalige Amalfi-Zitronen
10 EL grobes Meersalz
3–4 Zitronen, frisch gepresster Saft

- Zitronen heiß abwaschen und trocknen. Deckel und Boden der Zitronen abschneiden, Früchte anschließend zweimal überkreuz einschneiden, ohne die Viertel voneinander zu lösen. Jeweils einen Teelöffel grobes Meersalz in die Zitronen füllen und diese eng aneinander gedrückt in ein steriles Weckglas legen. Mindestens drei bis vier Tage kühl lagern, bis die Schalen anfangen, weich zu werden.

- Zitronen anschließend noch enger im Glas zusammendrücken und frisch ausgepressten Zitronensaft darüber gießen, bis sie vollständig bedeckt sind. Zitronen im luftdicht verschlossenen Glas an einem kühlen Ort mindestens einen Monat ziehen lassen. Vor Gebrauch das Salz abspülen.

** Je nach Geschmack können dünnschalige Meyer-Zitronen verwendet werden, die jenen in Marokko ähnlich sind, oder dickschalige Amalfi-Zitronen, wenn eine dickere Schale gewünscht ist, die jedoch keine allzu bittere weiße Schicht besitzt.*

SMEN

500 GRAMM

Smen ist gereifte Butter, die aus Milch von Schafen oder Ziegen – oder beidem – hergestellt wird. Oft mit Kräutern und Gewürzen aromatisiert und in Tontöpfen aufbewahrt, kann es an einem dunklen, kühlen Ort Monate, wenn nicht sogar Jahre gelagert werden. Es ist das bevorzugte Brat- und Kochfett vieler Berber, die sich diese scharfe Butter auch gern aufs Brot streichen. Smen ist wesentliche Zutat vieler traditioneller Tajines, vor allem für stark gewürzte. Es kann durch Ghee (geklärte Butter, meist aus Indien) ersetzt werden, das nicht so scharf ist.

500 g Butter, Zimmertemperatur
1 EL Meersalz
1 EL getrockneter Oregano, mit den Fingern zerrieben
150 ml Wasser
1 Tontopf oder sterilisiertes Glas

- Butter in einer Schüssel cremig rühren. Salz und Oregano mit Wasser in einem Topf kurz aufkochen. Über die Butter gießen und mit einem Holzlöffel kräftig verrühren, sodass sich die Zutaten gut verbinden. Abkühlen lassen.
- Butter mit den Händen kräftig durchkneten, damit eine homogene Masse entsteht, dabei überschüssiges Wasser herausdrücken. Gut abtropfen lassen und die Butter in das vorbereitete Gefäß füllen. Mit Deckel fest verschließen und an einem kühlen, trockenen Ort mindestens sechs Wochen durchziehen lassen. Dann erst verwenden und im Kühlschrank aufbewahren.

HARISSA

CA. 4 EL HARISSA
(WIRD SEHR SPARSAM
VERWENDET)

Diese in ganz Nordafrika verwendete feurige Paste kann als Gewürz oder Dip serviert oder direkt in eine Tajine oder einen Couscous eingerührt werden. Diesem Basisrezept können beispielsweise noch Fenchelsamen, Koriander oder Minze hinzugefügt werden. Fertige Harissa-Paste gibt es in orientalischen Lebensmittelläden, in Supermärkten oder Feinkostgeschäften, man kann sie aber leicht selber machen.

8 getrocknete rote Chilischoten, entkernt
2–3 Knoblauchzehen, geschält und klein gehackt
½ TL Meersalz
1 TL Kreuzkümmelpulver (Cumin)
1 TL Korianderpulver
4 EL Olivenöl

- Chilischoten in eine Schüssel legen, mit warmem Wasser bedecken und eine Stunde einweichen. Anschließend abtropfen lassen und überflüssiges Wasser auspressen. In einem Mörser Chilis, Knoblauch und Salz zu einer Paste zerreiben (oder eine Küchenmaschine benutzen). Kreuzkümmel und Koriander untermischen und mit Olivenöl binden.

- Paste in ein luftdicht verschließbares Glas füllen, mit einer dünnen Schicht Olivenöl abdecken und im Kühlschrank aufbewahren. Die Paste hält sich etwa einen Monat.

TIPPS Es können auch frische Chilis verwendet werden, die dann nicht eingeweicht werden müssen. Welche Chilisorte verwendet wird, bleibt ganz Ihnen und Ihrer Vorliebe für Schärfe überlassen. Die Konsistenz kann mit abgekochtem Wasser angepasst werden, das tropfenweise dazugegeben wird. Die Gewürze sind noch aromatischer, wenn man Koriander- und Kreuzkümmelsamen leicht anröstet und dann fein mörsert.

RAS-EL HANOUT

Für diese aromatische Gewürzmischung aus Nordafrika gibt es kein allgemein verbindliches Rezept. Es verbindet kräftige indische Aromen von Zimt, Gewürznelken und Ingwer mit regionalen afrikanischen Wurzeln und zarten Noten von Rosenknospen. Jede Familie hat ihr eigenes Lieblingsrezept, wofür einige Gewürze nur im Maghreb erhältlich sind. Bei uns bekommt man die fertige Mischung in Gewürzläden oder in Geschäften, die auf orientalische oder afrikanische Lebensmittel spezialisiert sind. Alternativ probieren Sie einfach die folgende Mischung:

4–5 ESSLÖFFEL GEWÜRZMISCHUNG

1 TL schwarze Pfefferkörner oder Langpfeffer
1 TL Gewürznelken
1 TL Anissamen oder Sternanis
1 TL Schwarzkümmelsamen
1 TL Piment
1 TL grüne Kardamomkapseln
2 TL Ingwerpulver
2 TL Kurkumapulver (Gelbwurz)
2 TL Koriandersamen
2 Muskatblüten (Macis)
1 Zimtstange, zerkrümelt
2 TL getrocknete Minze
1 getrocknete rote Chilischote, z. B. Pimenta malagueta
1 TL getrocknete Lavendelblüten
6 getrocknete, essbare Rosenknospen, zerkleinert

- Alle Gewürze bis auf Lavendel und Rosenknospen im Mörser zerreiben oder in einem Mixer pulverisieren.
- Lavendel und Rosenknospen darunter mischen und in ein luftdicht verschließbares Glas füllen.
- Kühl und dunkel gelagert hält sich diese Gewürzmischung bis zu sechs Monate, bevor sie deutlich an Aroma verliert.

TRADITIONELLE LAMM-TAJINES

LAMM-TAJINE
MIT PFLAUMEN, APRIKOSEN UND HONIG

4 PORTIONEN

1–2 EL Smen (Seite 14) oder je 1 EL Olivenöl und Butter
2 EL Mandeln, blanchiert und Haut abgezogen
2 rote Zwiebeln, 2–3 Knoblauchzehen, beides geschält und fein gehackt
1 daumengroßes Stück frischer Ingwer, geschält und fein gehackt
1 Prise Safranfäden
2 Zimtstangen
1–2 TL Koriandersamen, zerstoßen
500 g entbeintes Lammfleisch (Schulter oder Keule), pariert und gewürfelt
ca. 12 getrocknete Pflaumen ohne Stein, 1 Stunde eingeweicht, dann abgetropft
ca. 6 getrocknete Aprikosen, 1 Stunde eingeweicht, dann abgetropft
1 Bio-Orange, 3–4 breite Streifen aus der Schale
1–2 EL dunkler, flüssiger Honig
Meersalz und schwarzer Pfeffer, frisch gemahlen
1 Handvoll Korianderblätter, fein gehackt

Dieser Klassiker, mit Honig und Früchten gesüßt, ist ein perfekter Einstieg in die marokkanische Küche. Zu dem aromatischen Gericht wird traditionell Brot gereicht, um die sämige Sauce aufzunehmen. Als harmonischer Ausgleich zur Süße der Tajine eignet sich ein knackiger, mit etwas Chili gewürzter Salat aus geriebenen Karotten, Zwiebeln und Kohl oder Paprika.

- Smen oder Öl und Butter in einer Tajine oder einem Schmortopf mit dickem Boden erhitzen, Mandeln darin goldbraun rösten. Zwiebeln und Knoblauch hinzufügen, leicht anbraten. Ingwer, Safran, Zimt und Koriander untermischen. Fleischwürfel gut unterrühren, ein bis zwei Minuten mitbraten.

- Wasser zugießen, bis das Fleisch knapp bedeckt ist, und aufkochen lassen. Hitze reduzieren und zugedeckt etwa eine Stunde sanft köcheln, bis das Fleisch weich ist. Pflaumen, Aprikosen und Orangenschale dazugeben und erneut zugedeckt 15–20 Minuten köcheln. Honig unterrühren, mit Salz und Pfeffer würzen und zugedeckt weitere zehn Minuten garen. Immer auf genügend Flüssigkeit im Topf achten, damit die Sauce leicht eindickt und karamellisiert, das Gericht aber nicht eintrocknet.

- Etwas frischen Koriander unterrühren, den Rest über das Fleisch streuen. Sofort servieren und dazu knuspriges Brot oder einen frischen Salat reichen.

LAMM-TAJINE
MIT DATTELN, MANDELN UND PISTAZIEN

4 PORTIONEN

2–3 EL Smen (Seite 14) oder 1–2 EL Olivenöl und 1 EL Butter
2 Zwiebeln, geschält und fein gehackt
1–2 TL Kurkumapulver (Gelbwurz)
1 TL Ingwerpulver
2 TL Zimtpulver
1 kg mageres Lammfleisch (aus der Schulter, vom Hals oder Schlegel), in mundgerechte Stücke geschnitten
250 g weiche Datteln, entkernt
1 EL dunkler, flüssiger Honig
Meersalz und schwarzer Pfeffer, frisch gemahlen
1 EL Olivenöl, 1 EL Butter
2–3 EL Mandeln, blanchiert und Haut abgezogen
2 EL Pistazienkerne
½ Bund glattblättrige Petersilie, Blättchen fein gehackt

In der arabischen Kultur sind Datteln seit jeher Grundnahrungsmittel und natürlicher Zuckerersatz. Nomaden konnten in der Wüste mit Datteln als alleinigem Nahrungsmittel überleben. Da diese Frucht als etwas Besonderes gilt, rundet sie häufig Couscous- und Tajine-Gerichte bei festlichen Anlässen ab. Die folgende, etwas klebrige Tajine wird häufig zu Hochzeiten und anderen Familienfesten zubereitet.

- Smen oder Öl und Butter in einer Tajine oder einem Schmortopf mit dickem Boden erhitzen, Zwiebeln darin goldbraun anschwitzen. Kurkuma, Ingwer und Zimt einrühren. Fleisch dazugeben und solange rühren, bis es von der Gewürzmischung überzogen ist. Wasser zugießen, bis das Fleisch fast bedeckt ist, und aufkochen. Hitze reduzieren und zugedeckt etwa eineinhalb Stunden sanft köcheln.
- Datteln hinzufügen und Honig unterrühren. Zugedeckt weitere 30 Minuten köcheln. Mit Salz und Pfeffer abschmecken.
- In einem kleinen Topf Olivenöl und Butter erhitzen. Mandeln und Pistazien darin goldbraun anrösten. Mischung über das Fleisch geben und mit Petersilie bestreuen. Mit einem Butter-Couscous (Seite 103) servieren.

LAMM-TAJINE
MIT SCHALOTTEN UND DATTELN

4 PORTIONEN

3 EL Smen (Seite 14) oder 2 EL Olivenöl und 1 EL Butter
700 g Lammfleisch (Schulter oder Hals), entbeint, pariert und in Würfel geschnitten
12 Schalotten, geschält
4–6 Knoblauchzehen, geschält
2 TL Kurkumapulver (Gelbwurz)
2 Zimtstangen
1–2 EL dunkler Honig
225 g getrocknete Datteln, entsteint
1–2 EL Sesamsaat
Meersalz und schwarzer Pfeffer, frisch gemahlen

knuspriges Brot oder Butter-Couscous (Seite 103)

Datteln werden gemeinhin als „Brot der Wüste“ bezeichnet. Die nahrhaften Früchte sind für Araber und Berber heilig, überlebten doch dank ihnen Generationen ihrer Vorfahren selbst in Zeiten, in denen es wenig zu essen gab. Datteln sind ein Zeichen für Gastfreundschaft und Wohlstand, deshalb werden sie in zahlreichen Tajine- und Couscous-Gerichten verwendet und Besuchern zum Willkommen gereicht.

- Smen oder Öl-Butter-Mischung in einer Tajine oder einem Schmortopf mit dickem Boden erhitzen. Lammwürfel darin von allen Seiten braun abraten. Fleisch mit einem Schaumlöffel herausheben und beiseite stellen. Ganze Schalotten und Knoblauchzehen im verbliebenen Fett unter Rühren anschwitzen, bis sie Farbe annehmen.
- Kurkuma, Zimt und Fleischwürfel hinzufügen und Wasser angießen, bis das Fleisch knapp davon bedeckt ist. Aufkochen, einen Deckel auflegen und bei reduzierter Hitzezufuhr etwa eine Stunde köcheln. Dabei gelegentlich umrühren.
- Honig dazugeben, salzen und kräftig mit Pfeffer würzen. Datteln hinzufügen und abgedeckt für weitere 25–30 Minuten garen.
- Kurz vor Ende der Garzeit Sesam ohne Fett in einer Pfanne anrösten, bis er zu duften beginnt. Tajine damit bestreuen und mit knusprigem Brot oder Butter-Couscous servieren.

GEBACKENE TAJINE
MIT LAMM, QUITTEN, FEIGEN UND HONIG

4-6 PORTIONEN

1 ½ kg Lammschulter mit Knochen
2 EL Smen (Seite 14) oder Ghee
2 rote Zwiebeln, geschält und geviertelt
225 g getrocknete Pflaumen, entsteint
225 g getrocknete Feigen oder frische, halbierte Feigen
40 g Butter
2 frische Quitten, geviertelt und entkernt (bis zur Verwendung in Wasser mit einem Spritzer Zitronensaft einweichen)
2–3 EL Orangenblütenwasser
1–2 EL dunkler, flüssiger Honig
je 1 Bund glattblättrige Petersilie und Koriander, Blättchen gehackt

CHERMOULA

2–3 Knoblauchzehen, geschält und 1 rote Chilischote, entkernt, beides klein gehackt
1 TL Meersalz
½ Bund Koriander, klein gehackt
1 Prise Safranfäden
1–2 TL Kreuzkümmelpulver
3–4 EL Olivenöl
1 Zitrone, Saft, frisch gepresst

Für dieses festliche Gericht wird eine Lammschulter in Chermoula – einer marokkanischen Kräuter- und Gewürzmischung – mariniert. Quitten lassen sich auch durch Äpfel oder Birnen ersetzen.

- Im Mörser für die Chermoula Knoblauch, Chili und Salz zu einer groben Paste zerreiben. Koriander unterrühren, Safran und Kreuzkümmel ebenfalls, mit Olivenöl sowie Zitronensaft binden.

- Lammschulter mit einem scharfen Messer mehrfach einschneiden und die Chermoula gut ins Fleisch einreiben. Zugedeckt im Kühlschrank mindestens sechs Stunden, am besten über Nacht marinieren.

- Backofen auf 180 °C vorheizen. Smen in einer Tajine oder in einem Schmortopf mit dickem Boden erhitzen. Lamm darin von allen Seiten anbraten, herausnehmen und auf einen Teller legen. Zwiebeln in das Smen einrühren. Pflaumen und getrocknete Feigen (frische s. u.) hinzufügen. 300 ml Wasser zugießen, Fleisch zurück in den Topf geben, Deckel auflegen und etwa zwei Stunden in den Backofen stellen.

- Gegen Ende der Garzeit Butter in einem Topf zerlassen, Quitten darin goldbraun anbraten. Tajine aus dem Ofen holen, Quitten um den Rand legen. Frische Feigen nun ebenfalls dazugeben. Orangenblütenwasser und Honig über Fleisch und Früchte träufeln. Tajine offen 25–30 Minuten im Backofen schön bräunen, bis das Fleisch so zart ist, dass es sich fast von allein vom Knochen löst. Kräuter darüber streuen, sofort mit Butter-Couscous (Seite 103) oder Röstkartoffeln servieren.

LAMM-TAJINE
MIT ESSKASTANIEN, SAFRAN UND GRANATAPFELKERNEN

4 PORTIONEN

2 EL Smen (Seite 14) oder 1 EL Olivenöl und 1 EL Butter
2 Zwiebeln, geschält und fein gehackt
4 Knoblauchzehen, geschält und fein gehackt
1 daumengroßes Stück Ingwer, geschält und fein gehackt oder gerieben
1 Prise Safranfäden
1–2 Zimtstangen
1 kg mageres Lammfleisch (Schulter oder Haxe), in mundgerechte Stücke zerteilt
250 g Esskastanien/Marroni, geschält
1–2 EL dunkler, flüssiger Honig
Meersalz und schwarzer Pfeffer, frisch gemahlen
1 Granatapfel, ausgelöste Kerne ohne Häutchen
1 Bund Minze, Blätter klein gehackt
1 Bund Koriander, Blättchen klein gehackt

Ein großartiges Wintergericht, das dank der rubinroten Granatapfelkerne Farbe auf den Tisch bringt. Esskastanien werden in arabisch beeinflussten Kochkulturen häufig als Kartoffelersatz verwendet. Es lassen sich sowohl frisch geröstete als auch geschälte, vakuumverpackte oder tiefgefrorene Esskastanien verwenden.

- Smen oder Öl-Butter-Mischung in einer Tajine oder in einem Schmortopf mit dickem Boden erhitzen. Zwiebeln, Knoblauch und Ingwer darin leicht Farbe annehmen lassen. Safran und Zimtstangen einrühren und Lammfleisch dazugeben. Wasser angießen, bis das Fleisch fast bedeckt ist, und aufkochen. Bei reduzierter Hitze zugedeckt etwa eine Stunde sanft köcheln.

- Esskastanien und Honig hinzufügen, zugedeckt weitere 30 Minuten köcheln, bis das Fleisch sehr zart ist.

- Nach Geschmack mit Salz und Pfeffer würzen, ein paar Granatapfelkerne, etwas Minze und Koriander unterrühren. Restliche Granatapfelkerne und Kräuter über das Fleisch streuen und mit Brot oder Butter-Couscous (Seite 103) servieren.

TFAIA-TAJINE
MIT ZWIEBELN, GERÖSTETEN MANDELN UND EIERN

4 PORTIONEN

1–2 EL Ghee
2 Knoblauchzehen, geschält und zerdrückt
1 TL Ingwerpulver
1 TL Korianderpulver
1 TL Safranfäden, mit Salz gemörsert
1 kg Lammkoteletts
2 Zwiebeln, geschält und fein gehackt
175 g dunkle Kalamata-Oliven, entsteint
2 Salz-Zitronen (Seite 13), geviertelt
Meersalz und schwarzer Pfeffer, frisch gemahlen
½ Bund Koriander, Blättchen klein gehackt

GARNITUR

4 mittelgroße oder große Eier
½ TL Safranpulver oder eine Prise Safranfäden
½ EL Ghee
2 EL Mandeln, blanchiert und Haut abgezogen

Die ursprünglich aus Andalusien stammenden Tfaia-Tajines sind im Norden Marokkos, vor allem in Tanger, sehr beliebt. Ihren unverwechselbar scharfen, nussigen Geschmack verdanken sie der Smen (S. 14), die von manchen ganz besonders geschätzt wird. Für dieses Rezept verwende ich allerdings Ghee – normale, geklärte Butter – oder Butterschmalz.

- Ghee in einer Tajine oder einem Schmortopf mit dickem Boden zerlassen. Knoblauch, Ingwer, gemahlenen Koriander und Safran einrühren, Lammkoteletts darin wenden. Zwiebeln über die Lammkoteletts streuen und so viel Wasser zugießen, bis das Fleisch knapp bedeckt ist. Aufkochen und anschließend das Gericht bei reduzierter Hitze zugedeckt etwa eineinhalb Stunden sanft garen.

- Oliven und Zitronenviertel dazugeben und ohne Deckel weitere 20 Minuten garen, damit die Sauce einkocht. Mit Salz und Pfeffer kräftig abschmecken, mit Koriander bestreuen.

- In der Zwischenzeit Eier vier Minuten kochen, bis das Eigelb gerade fest ist. Eier pellen. Safran in zwei Esslöffeln warmem Wasser auflösen, Eier in der gelben Flüssigkeit rollen, damit sie die Farbe annehmen, dann längs halbieren.

- Ghee in einer Pfanne zerlassen, Mandeln darin goldbraun anrösten. Mandeln über die Tajine streuen, Eier am Tellerrand platzieren. Sofort servieren und frisches, knuspriges Brot dazu reichen.

TAJINE
MIT LAMM, SOMMERGEMÜSE UND MINZE

4-6 PORTIONEN

3-4 EL Olivenöl
1 Zwiebel und 4 Knoblauchzehen, beide geschält und grob gehackt
1 TL Kreuzkümmelsamen
1 TL Koriandersamen
1 TL getrocknete Minze
1 daumengroßes Stück Ingwer, geschält und fein gehackt oder gerieben
750 g mageres Lammfleisch, in mundgerechte Stücke zerteilt
Meersalz und schwarzer Pfeffer, frisch gemahlen
2 kleine Zucchini, geputzt und schräg in dicke Scheiben geschnitten
1 rote oder grüne Gemüsepaprika/Peperoni, Stiel und Kerne entfernt, in dicke Streifen geschnitten
4 Tomaten, gehäutet, Strünke und Kerne entfernt, gewürfelt
½ Bund glattblättrige Petersilie und ½ Bund frische Minze, jeweils Blätter grob gehackt
1 Zitrone, geviertelt

Sommer-Tajines mit frischem Gemüse sind leicht und farbenfroh. Für diese Tajine eignen sich auch Auberginen und Erbsen. Das Gericht schmeckt besonders gut, wenn man Zitronenviertel darüber auspresst oder klein gehackte Schale von Salz-Zitronen (Seite 13) darüber verteilt.

- Olivenöl in einer Tajine oder einem Schmortopf mit dickem Boden erhitzen. Zwiebeln, Knoblauch, Kreuzkümmel, Koriander, getrocknete Minze und Ingwer dazugeben. Zwiebeln glasig anschwitzen, dann Fleisch hinzufügen. Mit Wasser aufgießen, bis das Fleisch gerade bedeckt ist. Aufkochen, Hitze reduzieren, Deckel auflegen und eineinhalb Stunden sanft köcheln.
- Kochflüssigkeit mit Salz und Pfeffer würzen. Zucchini, Paprika und Tomaten mit dem Fleisch vermischen (eventuell noch etwas Wasser angießen). Zugedeckt weitere 15 Minuten köcheln, bis das Gemüse gar, aber noch bissfest ist.
- Etwas von der klein gehackten Petersilie und der Minze unterrühren. Den Rest vor dem Servieren darüber streuen. Mit Zitronenvierteln servieren.

LAMM-K'DRA
MIT SÜSSKARTOFFELN UND OKRAS

Dieses in einer K'dra (Seite 60) gekochte Berbergericht wird häufig mit größeren Fleischteilen wie Haxe oder auch Schafskopf zubereitet, die dann nach dem Garen um einen Berg aus Couscous arrangiert werden. Die Gemüse kommen als oberstes darauf, die Kochflüssigkeit wird als Brühe separat dazu gereicht und löffelweise über das Gericht gegeben.

6–8 PORTIONEN

6–8 Lammhaxen, entbeint und pariert, in mundgerechte Stücke geschnitten
6 Zwiebeln, geschält, längs halbiert und quer in Scheiben geschnitten
1 Prise Safranfäden
2 Zimtstangen
1 TL schwarzer Pfeffer, frisch gemahlen
2 Süßkartoffeln, geschält, längs halbiert und in dicke Stücke geschnitten
2 EL Ghee, Smen (Seite 14) oder Butterschmalz
250 g Okraschoten
1 Zitrone, Saft, frisch gepresst
Meersalz

knuspriges Brot oder Butter-Couscous (Seite 103)

- Lammfleisch in eine Tajine oder einen Schmortopf mit dickem Boden geben. Die Hälfte der Zwiebeln mit Safran, Zimt und Pfeffer hinzufügen. Mit Wasser auffüllen, bis das Fleisch knapp davon bedeckt ist, und zum Kochen bringen. Deckel auflegen, Hitze reduzieren und 90 Minuten köcheln. Zwischendurch umrühren und bei Bedarf Wasser nachgießen.

- Süßkartoffeln, Ghee und restliche Zwiebeln hineingeben. Für weitere 25–30 Minuten bei sanfter Hitze schmoren, bis die Süßkartoffeln gar sind. In der Zwischenzeit Okras putzen, je nach Größe halbieren oder dritteln und zehn Minuten in Zitronensaft legen (dann sondern sie keinen Schleim ab). Abgetropfte Okras in den Topf geben und darin fünf bis zehn Minuten mitgaren, bis sie durcherhitzt sind, aber noch etwas Biss haben.

- Mit Salz abschmecken und mit knusprigem Brot oder einfachem Couscous servieren.

RINDFLEISCH-, KEFTA- UND WURST-TAJINES

RINDFLEISCH-TAJINE
MIT ORANGEN UND ROTER BETE

4–6 PORTIONEN

1–2 EL Smen (Seite 14) oder 1 EL Olivenöl und 1 EL Butter
3–4 Knoblauchzehen, geschält und zerdrückt
1 rote Zwiebel, halbiert und längs in Scheiben
ca. 5 cm Ingwer, geschält und fein gehackt oder gerieben
1 rote Chilischote, entkernt und in Ringe geschnitten
2 TL Koriandersamen, zerdrückt
2 Zimtstangen
3–4 Rote Bete/Randen, geschält und geviertelt
500 g mageres Rindfleisch, in mundgerechte Würfel oder Streifen geschnitten
2 dünnschalige Orangen, filetiert, Kerne entfernt
1 EL dunkler, flüssiger Honig
1–2 EL Orangenblütenwasser
Meersalz und schwarzer Pfeffer, frisch gemahlen
1 TL Butter
2–3 EL Pistazienkerne
½ Bund glattblättrige Petersilie, Blätter grob gehackt

Eine wärmende Tajine an kalten Wintertagen, die fruchtig schmeckt und ein leichtes Ingweraroma hat. Sie kann mit frischer oder vorgegarter Roter Bete zubereitet werden. Dazu schmecken geröstete Scheiben von Rondini- oder Butternut-Kürbis mit Couscous (Seite 103), der mit Pistazien und Pinienkernen bestreut wird.

- Ghee in einer Tajine oder einem Schmortopf mit dickem Boden zerlassen. Knoblauch, Zwiebel und Ingwer darin unter ständigem Rühren leicht anbräunen. Chili, Koriandersamen und Zimtstangen dazugeben, ebenso Rote Bete und zwei bis drei Minuten anschwitzen. Rindfleisch darin eine Minute anbraten. So viel Wasser angießen, bis das Fleisch fast bedeckt ist, und aufkochen. Hitze reduzieren, Deckel auflegen und eine Stunde köcheln, bis das Fleisch wirklich zart ist.

- Orangenfilets, Honig und Orangenblütenwasser in die Tajine geben, mit Salz und Pfeffer abschmecken. Zugedeckt weitere 10–15 Minuten garen.

- In einem kleinen Topf bei mittlerer Hitze Butter zerlassen, Pistazienkerne darin goldbraun anrösten. Mit Petersilie über das Gericht streuen und sofort mit Butter-Couscous (Seite 103) servieren.

RINDFLEISCH-TAJINE
MIT SÜSSKARTOFFELN, ERBSEN, INGWER UND RAS-EL HANOUT

2 EL Smen (Seite 14), Ghee oder Olivenöl
5 cm Ingwer, geschält und fein gerieben
1 Zwiebel, geschält und fein gehackt
1 kg mageres Rindfleisch, gewürfelt
1–2 TL Ras-el Hanout (Seite 18)
2 mittelgroße Süßkartoffeln, geschält und gewürfelt
Meersalz und schwarzer Pfeffer, frisch gemahlen
500 g Erbsen, frisch ausgepahlt oder TK
2–3 Tomaten, gehäutet, Strünke und Kerne entfernt, klein gehackt

GARNITUR

1 Salz-Zitrone (Seite 13), Schale fein gehackt oder in Streifen geschnitten
½ Bund Koriander, Blätter fein gehackt

Eine recht feurige Tajine mit den starken Aromen der traditionellen Gewürzmischung Ras-el Hanout (Seite 18). Je nach Region werden die Süßkartoffeln durch weiße Rüben, Yamsknollen, Kürbis oder Butternut-Kürbis ersetzt. Zu der Tajine schmecken am besten knuspriges Fladenbrot und kühlender Joghurt oder ein Glas Minztee.

4 PORTIONEN

- Smen, Ghee oder Öl in einer Tajine oder einem Schmortopf mit dickem Boden erhitzen. Ingwer und Zwiebel darin weich braten. Erst Fleisch, dann Ras-el Hanout unterrühren. Wasser angießen, bis die Fleischmischung knapp bedeckt ist, und aufkochen. Bei reduzierter Hitze zugedeckt etwa 40 Minuten sanft köcheln.

- Süßkartoffelwürfel dazugeben, mit Salz und Pfeffer abschmecken und zugedeckt weitere 20 Minuten garen, bis das Fleisch zart ist. Erbsen und Tomaten untermischen und noch fünf bis zehn Minuten weitergaren. Mit Salz-Zitrone und Koriander bestreut sofort servieren.

KEFTA-TAJINE
MIT EI UND GERÖSTETEM KREUZKÜMMEL

4 PORTIONEN

KEFTA

400 g Lammhackfleisch
1 Zwiebel, geschält und fein gehackt
1 TL getrocknete Minze
1–2 TL Ras-el Hanout (Seite 18)
½ TL Cayennepulver
½ Bund glattblättrige Petersilie, Blätter fein gehackt
Meersalz und schwarzer Pfeffer, frisch gemahlen

1 EL Butter
¼–½ TL Salz
1 TL Cayennepulver oder Chiliflocken
4 Eier (L–XL)
1–2 TL Kreuzkümmelsamen (Cumin), geröstet und gemahlen
½ Bund glattblättrige Petersilie, Blätter fein gehackt

Zu diesem beliebten Street Food gibt es im gesamten Maghreb zahlreiche Variationen. In vielen Haushalten bereitet man Kefta in größeren Mengen zu und bewahrt sie im Kühlschrank auf. Sie sind meist recht scharf gewürzt. Zum Ausgleich serviert man Brot, Petersilie und Joghurt dazu.

- Hackfleisch, Zwiebel, Minze, Ras-el Hanout, Cayenne und Petersilie in einer Schüssel gut vermischen, mit Salz und Pfeffer abschmecken. Mit den Händen kneten und zu kleinen Bällchen formen. Die Menge ergibt etwa zwölf Bällchen.

- Eine Tajine oder einen Schmortopf mit Wasser füllen und aufkochen. Kefta vorsichtig und in kleinen Mengen hineingeben und zehn Minuten pochieren, dabei gelegentlich wenden. Mit einem Schaumlöffel herausheben und abtropfen lassen. Etwa 300 ml Kochflüssigkeit aufbewahren. (Falls die Kefta nicht sofort gegessen werden, können sie abgekühlt zwei bis drei Tage im Kühlschrank gelagert werden.)

- Butter zur verbliebenen Kochflüssigkeit in die Tajine geben und aufkochen. Salz und Cayenne hinzufügen, pochierte Kefta hineingeben. Bei starker Hitze kochen, bis fast die gesamte Flüssigkeit verdampft ist. Vorsichtig Eier um die Kefta aufschlagen und zugedeckt in der Sauce kochen, bis sie gerade gestockt sind.

- Mit gerösteten Kreuzkümmel und gehackter Petersilie bestreut sofort servieren.

WÜRZIGE KEFTA-TAJINE
MIT ZITRONE

4 PORTIONEN

KEFTA

600 g feines Rinder- oder Lammhack
1 Zwiebel, geschält und fein gehackt
½ Bund glattblättrige Petersilie, Blätter fein gehackt
1–2 TL Zimtpulver
1 TL Kreuzkümmelpulver
1 TL Korianderpulver
½ TL Cayennepulver
Meersalz und schwarzer Pfeffer, frisch gemahlen

je 1 EL Olivenöl und Butter
1 Zwiebel, geschält und grob gehackt
2–3 Knoblauchzehen, geschält, halbiert und zerdrückt
5 cm Ingwer, geschält und fein gehackt
1 rote Chilischote, in dünne Ringe geschnitten, Kerne entfernt
2 TL Kurkumapulver
je ½ Bund Koriander und Minze, Blätter grob gehackt
1 Zitrone, Saft, frisch gepresst
1 Bio-Zitrone, geachtelt, Kerne entfernt

Tajine-Gerichte mit Fleischbällchen (Kefta) erfordern keine langen Kochzeiten. Meist wird zunächst die Sauce gemacht und dann werden die Kefta darin kurz pochiert, bis sie gar sind. Dieses beliebte Rezept ist angenehm leicht und erfrischend zitronig.

- Für die Kefta Hackfleisch mit Zwiebel, Petersilie, Zimt, Kreuzkümmel, Koriander und Cayenne von Hand ein paar Minuten gut durchkneten. Zuletzt mit Salz und Pfeffer abschmecken. Walnussgroße Bällchen formen. (Diese lassen sich im Voraus zubereiten und halten sich gegart zwei bis drei Tage im Kühlschrank).

- Öl und Butter in einer Tajine oder einen Schmortopf mit dickem Boden erhitzen. Zwiebel, Knoblauch, Ingwer und Chili darin anschwitzen, bis sie Farbe annehmen. Kurkuma, jeweils die Hälfte von Koriander und Minze und etwa 300 ml Wasser dazugeben. Aufkochen, Hitze reduzieren und zugedeckt zehn Minuten köcheln. Kefta vorsichtig in die Kochflüssigkeit geben und zugedeckt etwa 15 Minuten pochieren. Dabei gelegentlich wenden, damit sie gut durchgaren. Nun Zitronensaft darüber gießen, Flüssigkeit salzen und Zitronenachtel um die Kefta verteilen. Nochmals zehn Minuten garen. Mit restlichem Koriander und Minze bestreut heiß servieren.

- Dazu schmeckt ein mit Chili und frischen Kräutern bestreuter Butter-Couscous (Seite 103).

KICHERERBSEN-TAJINE
MIT CHORIZO, LORBEER, PAPRIKA UND SALBEI

4 PORTIONEN

175 g getrocknete Kichererbsen, über Nacht in reichlich Wasser eingeweicht
2–3 EL Olivenöl
2 rote Zwiebeln, geschält und längs in dünne Scheiben geschnitten
2 Knoblauchzehen, geschält und klein gehackt
1 dünne Chorizo, etwa 15 cm lang, schräg in Scheiben geschnitten
2–3 frische Lorbeerblätter
einige frische Thymianzweige
1–2 TL spanisches, geräuchertes Paprikapulver (Pimentón de la Vera)
½ Bund frischer Salbei, Blätter klein gehackt
1 Zitrone, Saft, frisch gepresst
Meersalz und schwarzer Pfeffer, frisch gemahlen

Ein klassisches, von Spanien beeinflusstes Bauernessen, das häufig nur mit Brot und Joghurt gegessen, manchmal aber auch mit gegrilltem oder geröstetem Fleisch, z. B. Lammkoteletts, serviert wird. Verwenden Sie entweder Chorizo- oder Merguez-Würste, da beide dem Gericht ihre ganz besondere Würze verleihen. Für die vegetarische Version einfach die Wurst weglassen; Kichererbsen schmecken auch solo lecker.

- Kichererbsen abtropfen lassen, in einen großen Topf geben und mit reichlich frischem Wasser bedecken. Aufkochen, Hitze reduzieren und etwa 45 Minuten köcheln, bis sie weich, aber noch bissfest sind. Unter fließend kaltem Wasser abschrecken und abtropfen lassen. Lose Häutchen der Kichererbsen entfernen.

- Olivenöl in einer Tajine oder einem Schmortopf mit dickem Boden erhitzen. Zwiebeln und Knoblauch darin anschwitzen, bis sie Farbe bekommen. Chorizo, Lorbeerblätter und Thymian dazugeben und zart goldbraun braten. Kichererbsen und Paprikapulver hinzufügen und zugedeckt 10–15 Minuten garen, bis sich die Aromen verbunden haben.

- Salbeiblätter und Zitronensaft untermischen. Mit Salz und Pfeffer nach Geschmack würzen und heiß mit Joghurt und Fladenbrot servieren.

MERGUEZ-TAJINE
MIT LINSEN UND BOCKSHORNKLEE

Ein sehr einfaches, aber leckeres ländliches Gericht. Der sättigende Bohnen- oder Linseneintopf kann mit Merguez, den typischen, pikant gewürzten Bratwürsten aus dem Maghreb, Chorizo oder kräftiger Salami zubereitet werden. Am besten mit Fladenbrot und cremigem Joghurt servieren.

2 EL Olivenöl
2 Zwiebeln und 2 Knoblauchzehen, beides geschält und klein gehackt
450 g geräucherte Merguez oder Chorizo, in dicke Stücke zerteilt
2 TL Kurkumapulver
2 TL Bockshornklee, gemahlen
225 g braune Linsen (z. B. Pardina-Linsen)
400 g Pizzatomaten (Glas oder Dose)
2 TL Zucker
1 Bund Koriander, Blättchen abgezupft und grob gehackt (1–2 EL davon für die Garnitur beiseite stellen)
Meersalz und schwarzer Pfeffer, frisch gemahlen

warmes Fladenbrot und Naturjoghurt

- Öl in einer Tajine oder einem Schmortopf mit dickem Boden erhitzen. Zwiebeln und Knoblauch darin anschwitzen, bis sie Farbe annehmen. Wurststücke dazugeben und ein bis zwei Minuten darin anbraten. Kurkuma und Bockshornklee mit den Linsen einrühren, bis alle Linsen gut von Gewürzen und Öl überzogen sind.

- Tomaten und Zucker hinzufügen und so viel Wasser angießen, dass die Linsen zweifingerbreit davon bedeckt sind. Aufkochen, einen Deckel auflegen, Hitze reduzieren und 25–30 Minuten sanft köcheln. Zwischendurch umrühren und bei Bedarf Wasser nachgießen, bis die Linsen zart, aber noch nicht breiig sind.

- Korianderblättchen einrühren, mit Salz und Pfeffer abschmecken. Restlichen Koriander darüber streuen und mit warmem Fladenbrot und Joghurt servieren.

4–6 PORTIONEN

HÜHNER- UND ENTEN-TAJINES

HÜHNER-TAJINE
MIT GRÜNEN OLIVEN, SALZ-ZITRONE UND THYMIAN

4 PORTIONEN

8–10 Hähnchen-/Pouletschenkel oder 4 ganze Keulen
2 EL Smen (Seite 14) oder 1 EL Olivenöl und 1 EL Butter
2 Salz-Zitronen (Seite 13), Schale in Streifen geschnitten
175 g grüne Oliven ohne Kerne
1–2 TL getrockneter Thymian oder Oregano

MARINADE
1 Zwiebel, geschält und gerieben
3 Knoblauchzehen, geschält und zerdrückt
5 cm Ingwer, geschält und gerieben
½ Bund Koriander, Blätter fein gehackt
1 Prise Safranfäden
1 Zitrone, Saft, frisch gepresst
1 TL Meersalz
3–4 EL Olivenöl
Meersalz und schwarzer Pfeffer, frisch gemahlen

Salz-Zitronen und grüne Oliven sind zwei Hauptzutaten der traditionellen marokkanischen Küche. Die Tajine kann mit Hühnerkeulen oder auch mit einem ganzen Huhn gekocht werden. Als Beilage eignen sich gedämpfte Karotten mit frischer Minze.

- In einer kleinen Schüssel alle Zutaten für die Marinade gut vermischen. Hähnchenschenkel oder -keulen abtupfen und in eine Schale legen. Mit der Marinade überziehen und in die Haut der Geflügelteile einreiben. Zugedeckt ein bis zwei Stunden im Kühlschrank ziehen lassen.
- Smen oder Olivenöl und Butter in einer Tajine oder einem Schmortopf mit dickem Boden erhitzen. Marinierte Fleischstücke darin anbraten. Restliche Marinade darüber gießen und mit Wasser auffüllen, bis das Fleisch halbhoch davon bedeckt ist. Aufkochen, Hitze reduzieren und zugedeckt 45 Minuten sanft köcheln. Hähnchenschenkel dabei gelegentlich wenden.
- Zitronenstreifen, Oliven und die Hälfte des Thymians dazugeben. Zugedeckt weitere 15–20 Minuten garen. Abschmecken, eventuell nachwürzen und restlichen Thymian darüber streuen. Sofort aus der Form servieren. Wer mag, reicht dazu Karottengemüse mit frischer Minze.

HÄHNCHEN-TAJINE
MIT HARISSA, ARTISCHOCKEN UND GRÜNEN WEINTRAUBEN

4 Hähnchen-/Pouletbrüste, küchenfertig, in Streifen oder Würfel geschnitten
2 EL Olivenöl
2 Zwiebeln, längs halbiert und in Scheiben geschnitten
½ Salz-Zitrone (Seite 13), Schale in dünne Streifen geschnitten
1–2 TL Zucker
1–2 TL Harissa (Seite 17)
2 TL Tomatenmark
300 ml Hühnerbrühe oder Wasser
390 g Artischockenherzen (Abtropfgewicht, aus Glas oder Dose), abgetropft, abgespült und halbiert
ca. 16 frische grüne Trauben (möglichst kernlos), längs halbiert
½ Bund Koriander, Blättchen grob gehackt
Meersalz und schwarzer Pfeffer, frisch gemahlen

MARINADE
2 Knoblauchzehen, geschält und zerdrückt, 1 EL Olivenöl
1 TL Kurkumapulver (Gelbwurz)
1 Zitrone, Saft, frisch gepresst

Die säuerliche Note der Salz-Zitronen und die süßen Weintrauben verleihen dieser Tajine einen ganz besonders erfrischenden Geschmack. Der beste Begleiter dazu ist Fladenbrot, frisch aus dem Ofen. Für dieses Rezept verwende ich fertige Artischockenherzen aus dem Glas.

4 PORTIONEN

- Für die Marinade alle Zutaten in einer kleinen Schüssel gut vermischen. Marinade über das Hähnchenfleisch geben und dieses zugedeckt ein bis zwei Stunden im Kühlschrank durchziehen lassen.
- Öl in einer Tajine oder einem Schmortopf mit dickem Boden erhitzen. Zwiebeln, Salz-Zitrone und Zucker zwei bis drei Minuten darin anschwitzen und leicht karamellisieren. Mariniertes Geflügel, Harissa und Tomatenmark dazugeben. Brühe angießen und aufkochen. Hitze reduzieren, Deckel auflegen und 15 Minuten sanft köcheln.
- Halbierte Artischockenherzen einlegen, Tajine zugedeckt weitere fünf Minuten garen. Trauben und etwas Koriander untermischen, mit Salz und Pfeffer abschmecken. Vor dem Servieren restlichen Koriander über das Gericht streuen und mit dünnem Fladenbrot aus dem Ofen servieren.

WÜRZIGE HÄHNCHEN-TAJINE
MIT APRIKOSEN, ROSMARIN UND INGWER

4 PORTIONEN

2 EL Olivenöl und 1 EL Butter
1 Zwiebel, geschält und fein gehackt
3 Rosmarinzweige, von einem die Nadeln fein gehackt, die anderen beiden jeweils in zwei Teile geschnitten
7 ½ cm Ingwer, geschält und fein gehackt
2 rote Chilischoten, entkernt und fein gehackt
1–2 Zimtstangen
8 Hähnchen-/Pouletkeulen, küchenfertig
175 g getrocknete Aprikosen
2 EL dunkler, flüssiger Honig
400 g Eiertomaten im eigenen Saft (Glas oder Dose)
Meersalz und schwarzer Pfeffer, frisch gemahlen
½ Bund grünes oder violettes Basilikum, Blätter abgezupft

Diese Tajine schmeckt fruchtig und würzig zugleich, sie erhält durch Rosmarin und Ingwer ein unvergleichliches Aroma. Als Fleisch eignen sich Hähnchenkeulen, aber auch Brüste von Taube, Fasan oder Ente. Als Beilage genügen ein Butter-Couscous (Seite 103) und ein grüner Blattsalat.

- Öl und Butter in einer Tajine oder einem Schmortopf mit dickem Boden erhitzen. Zwiebel, klein gehackten Rosmarin, Ingwer und Chilischoten darin anschwitzen, bis die Zwiebel weich wird.

- Halbierte Rosmarinzweige und Zimtstangen unterheben. Hähnchenkeulen dazugeben und von beiden Seiten braun anbraten. Aprikosen und Honig untermischen, dann Eiertomaten mit ihrem Saft einrühren. (Eventuell Wasser zugießen, damit ausreichend Flüssigkeit den Boden der Tajine bedeckt und die Aprikosen darin schwimmen.) Aufkochen und bei reduzierter Hitze zugedeckt 35–40 Minuten sanft köcheln.

- Mit Salz und Pfeffer abschmecken. Große Basilikumblätter klein hacken, kleinere Blätter ganz lassen. Über das Hähnchenfleisch streuen und mit Butter-Couscous (Seite 103) servieren.

4-6 PORTIONEN

K'DRA MIT HÄHNCHEN,
KICHERERBSEN UND ROTER PAPRIKA

Eine K'dra ist ein marokkanischer Eintopf, der ähnlich wie eine Tajine, jedoch im traditionellen Feuertopf der Berber aus Kupfer (der K'dra) mit Smen (Seite 14) langsam gegart wird. Die fermentierte Butter und die vielen Zwiebeln verleihen dem Gericht seinen typischen Geschmack. Eine K'dra wird meist solo serviert.

175 g Kichererbsen
1 Hähnchen/Poulet, ca. 1 ½ kg, küchenfertig, zerlegt in 6 Teile
6 Zwiebeln, geschält und fein gehackt
1–2 Zimtstangen
2 Prisen Safranfäden
je 1 TL Meersalz und schwarzer Pfeffer, frisch gemahlen
2 rote Gemüsepaprikas/ Peperoni, gewaschen
3–4 EL Olivenöl
3–4 EL helle Rosinen oder Sultaninen
2 EL Smen (Seite 14), Ghee oder Butterschmalz
1 Bund glattblättrige Petersilie, Blätter klein gehackt

1 Bio-Zitrone, geachtelt
knuspriges Brot oder Butter-Couscous (Seite 103)

- Kichererbsen über Nacht einweichen, durch ein Sieb abgießen.
- Hähnchenteile in eine Tajine oder einen Schmortopf mit dickem Boden geben. Kichererbsen, 2 EL Zwiebeln, Zimt und Safran hinzufügen, mit Salz und Pfeffer würzen. So viel Waser angießen, bis die Kichererbsen und das Fleisch zweifingerbreit davon bedeckt sind. Aufkochen, einen Deckel auflegen und bei reduzierter Hitze etwa eine Stunde sanft köcheln. Immer wieder die Flüssigkeit überprüfen, evtl. mit Wasser ergänzen. Backofen inzwischen auf 200 °C vorheizen.
- Paprikas auf ein Blech legen und mit Öl beträufeln. 30 Minuten im Backofen garen, bis sie weich sind und die Haut Blasen wirft. Aus dem Ofen nehmen und unter einem leicht feuchten Geschirrtuch abkühlen lassen. Schale abziehen, Paprikas der Länge nach halbieren, Stiele, Kerne und helle Scheidewände entfernen. Gemüse in lange Streifen schneiden.
- Sind das Hähnchen zart und die Kichererbsen weich, restliche Zwiebeln mit Rosinen, Smen und der Hälfte der Petersilie unterrühren. Deckel wieder auflegen und für weitere 40 Minuten sanft garen, bis die Zwiebeln beinahe püreeartig geworden sind und fast keine Flüssigkeit mehr vorhanden ist.
- Hähnchenteile auf eine vorgewärmte Servierplatte legen, Rest des Topfinhalts darum herum anrichten und Paprikastreifen darauf legen. Mit Zitronenachteln servieren, die über dem Gericht ausgepresst werden, und knuspriges Brot oder einfachen Couscous dazu reichen.

4–6 PORTIONEN

HÄHNCHEN-K'DRA
MIT RÜBCHEN UND KICHERERBSEN

Üblicherweise in einem großen Kupfer-Feuertopf gekocht, werden K'dra-Gerichte häufig mit viel Gemüse ergänzt, um eine große Familie oder Gäste mit einem herzhaften Mahl satt zu bekommen. Bei den Gewürzen ist Safran typisch, aber Kurkuma wird oft als preisgünstigere Variante verwendet.

225 g Kichererbsen
1 kg Hähnchen-/Pouletoberkeulen, küchenfertig
1–2 EL Kurkumapulver
2–3 EL Olivenöl, 1 EL Butter
2 Zwiebeln, geschält und grob gehackt
4 Knoblauchzehen, geschält und fein gehackt
2–3 TL Koriandersamen
850 ml Wasser
450 g Speise- oder Mairübchen (Navette), geputzt, in mundgerechte Stücke geschnitten, alternativ 8 kleine Rübchen, geputzt und halbiert
Meersalz und schwarzer Pfeffer, frisch gemahlen
1 EL Smen (Seite 14), Ghee oder Butterschmalz
1 Bund glattblättrige Petersilie, Blättchen grob gehackt

knuspriges Brot

- Kichererbsen mindestens sechs Stunden, besser über Nacht, in Wasser einweichen, danach durch ein Sieb ab gießen.
- Hähnchenkeulen trocken tupfen, evtl. entbeinen und parieren. Geflügelteile vollständig mit Kurkuma einreiben und auf die Seite stellen.
- Öl mit Butter in einer Tajine oder in einem Schmortopf mit dickem Boden erhitzen. Zwiebeln, Knoblauch und Koriander darin unter Rühren anschwitzen, bis sie Farbe annehmen.
- Hähnchenteile darin leicht bräunen, dann Kichererbsen hinzufügen und Wasser zugießen. Aufkochen, Hitze reduzieren und einen Deckel auflegen. Etwa 45 Minuten sanft köcheln, bis das Hähnchenfleisch zart und die Kichererbsen weich sind.
- Rübchen und bei Bedarf noch etwas Wasser dazugeben, für weitere 10–15 Minuten garen, bis die Rübchen gekocht, aber noch immer leicht bissfest sind – das hängt ganz von der Sorte ab.
- Mit Salz und Pfeffer abschmecken, nach Geschmack flüssiges Smen darüber gießen und mit Petersilie bestreuen. Mit knusprigem Brot servieren.

ENTENBRUST-TAJINE
MIT DATTELN, HONIG UND ORANGENBLÜTENWASSER

Dieses traditionell marokkanische Gericht taucht in verschiedenen Variationen in der gesamten arabischen Küche auf. Mit Datteln und Honig gegartes Geflügel gehört vermutlich zu den ältesten Speisekombinationen – und dieses Gericht schmeckt besonders saftig. Das Entenfleisch lässt sich nach Belieben auch durch Hähnchen-, Tauben- oder Stubenkükenfleisch ersetzen.

4 PORTIONEN

25 g frischer Ingwer, geschält und klein gehackt
2–3 Knoblauchzehen, klein gehackt
2–3 EL Olivenöl
1 EL Butter
2 Zimtstangen
4 Entenbrüste am Knochen
2–3 EL heller Honig
225 g weiche Datteln ohne Kerne
1–2 EL Orangenblütenwasser
Meersalz und schwarzer Pfeffer, frisch gemahlen

1 EL Butter
2–3 EL Mandeln, blanchiert und Haut abgezogen

- Ingwer und Knoblauch im Mörser zu einer Paste verreiben.
- Olivenöl und Butter in einer Tajine oder in einem Schmortopf mit dickem Boden erhitzen. Ingwerpaste und Zimtstangen einrühren. Hat die Mischung Farbe angenommen, Entenbrüste hineingeben und von beiden Seiten braun anbraten.
- Honig untermischen und Datteln um die Ente verteilen. So viel Wasser angießen, bis der Boden der Tajine und das untere Drittel der Entenbrüste bedeckt sind. Aufkochen, Hitze reduzieren und einen Deckel auflegen. Etwa 25 Minuten sanft garen.
- Orangenblütenwasser zugießen und nach Geschmack mit Salz und Pfeffer würzen. Abgedeckt weitere fünf Minuten garen, bis das Entenfleisch zart ist.
- Butter in einer Pfanne zerlassen, Mandeln darin goldbraun anrösten. Mandeln über das Fleisch streuen. Sofort mit Butter-Couscous (Seite 103), garniert mit frischen Kräutern und Salz-Zitrone (Seite 13), servieren.

ENTEN-TAJINE
MIT BIRNEN UND ZIMT

4–6 PORTIONEN

2 EL Olivenöl
1 EL Butter
2 Zwiebeln, geschält und klein gewürfelt
5 cm frischer Ingwer, geschält und fein gerieben oder gehackt
2 Zimtstangen
1 Prise Safranfäden
1 kg ausgebeintes Entenfleisch, z. B. von Keule und Brust, abgetupft und in mundgerechte Würfel geschnitten
600 ml Wasser
2 EL Butter
3–4 EL dunkler Honig
3 Birnen (z. B. Gute Luise oder Williams), geschält, geviertelt und Kerngehäuse entfernt
2–3 EL Orangenblütenwasser
1–2 EL Sesamsaat
Zitronenmelisseblätter, nach Geschmack
Meersalz und schwarzer Pfeffer, frisch gemahlen

knuspriges Brot oder Butter-Couscous (Seite 103)

Auch diese traditionelle Tajine kann mit Hähnchen, Stubenküken oder Wachteln zubereitet werden. Rezeptvariationen mit Quitten, Pflaumen, Äpfeln, Kirschen und Aprikosen bringen köstliche Abwechslung. Am besten mit Brot servieren, um die sirupähnliche Sauce aufnehmen zu können, oder mit einem einfachen Butter-Couscous.

- Öl mit Butter in einer Tajine oder in einem Schmortopf mit dickem Boden erhitzen. Zwiebeln und Ingwer darin anschwitzen, bis sie Farbe annehmen, dann Zimt und Safran dazugeben. Entenfleisch hinzufügen und gut einrühren, bis es ganz mit Zwiebeln und Ingwer überzogen ist. Wasser zugießen und aufkochen. Hitze reduzieren, einen Deckel auflegen und etwa 40 Minuten sanft köcheln, bis das Geflügel zart ist.

- In der Zwischenzeit Butter in einer gusseisernen Bratpfanne schmelzen und Honig einrühren. Birnenviertel hinzufügen und vorsichtig darin erhitzen, bis sie zu karamellisieren beginnen. Zusammen mit Orangenblütenwasser zur Ente geben, Tajine nochmals zehn Minuten köcheln.

- Währenddessen Sesam in einer Pfanne ohne Fett anrösten, bis er zu duften beginnt. Enten-Tajine mit Salz und Pfeffer abschmecken, mit Sesam bestreuen. Nach Geschmack mit Blättchen von Zitronenmelisse garnieren. Mit knusprigem Brot oder Butter-Couscous servieren.

FISCH- UND MEERESFRÜCHTE-TAJINES

FISCH-TAJINE
MIT SALZ-ZITRONE UND MINZE

4–6 PORTIONEN

1 Portion Chermoula (Seite 28)

900 g frische Fischfilets, z. B. Kabeljau oder Schellfisch, in große Stücke zerteilt
2–3 EL Olivenöl
1 rote Zwiebel, fein gehackt
2 Karotten, fein gewürfelt
2 Stangen Staudensellerie, fein gehackt
1 Salz-Zitrone (Seite 13), Schale fein gehackt
400 g Eiertomaten im eigenen Saft (Glas oder Dose)
150 ml Fischbrühe oder Wasser (ohne Wein: Flüssigkeitsmenge verdoppeln)
150 ml Weißwein oder Sherry Fino – nach Belieben
Meersalz und schwarzer Pfeffer, frisch gemahlen
1 Bund Minze, Blätter je nach Größe fein gehackt

An der Küste Marokkos wird für Fisch-Tajines häufig ganzer Fisch oder größere saftige Fischstücke verwendet, z. B. Wolfsbarsch, Seeteufel oder Kabeljau. Zunächst wird der Fisch in einer traditionellen Chermoula mariniert, um dann beim Garen häufig noch durch etwas Weißwein oder Sherry ein zusätzliches Aroma zu erhalten.

- Chermoula nach Rezept zubereiten. Zwei Teelöffel davon zum Kochen auf die Seite stellen. Mit der restlichen Sauce die Fischstücke einreiben und diese zugedeckt ein bis zwei Stunden im Kühlschrank ziehen lassen.

- Öl in einer Tajine oder einem Schmortopf mit dickem Boden erhitzen. Zwiebeln, Karotten und Sellerie darin knapp weich garen. Gehackte Salz-Zitrone (ein wenig aufbewahren, um sie am Ende über das Gericht streuen zu können), die zwei Teelöffel Chermoula und Tomaten unterrühren. Zehn Minuten sanft köcheln, um die Flüssigkeit etwas einzukochen. Anschließend Brühe oder Wasser und – falls gewünscht – Wein oder Sherry zugießen. Flüssigkeit aufkochen, Hitze reduzieren und zugedeckt 10–15 Minuten sanft köcheln.

- Fisch dazugeben und zugedeckt sechs bis acht Minuten sanft köcheln, bis er gar ist. Nach Geschmack mit Salz und Pfeffer würzen, restliche Salz-Zitrone und Minzeblättern darüber streuen und servieren.

4-6 PORTIONEN

TAJINE MIT SEETEUFEL,
KARTOFFELN, KIRSCHTOMATEN UND SCHWARZEN OLIVEN

1 Portion Chermoula (Seite 28)

ca. 900 g Seeteufel, Schwanzstück ohne Kopf, in mundgerechte Stücke geschnitten
ca. 12 kleine, neue Kartoffeln
3 EL Olivenöl und 1 EL Butter
3–4 Knoblauchzehen, geschält und in dünne Scheiben geschnitten
12–16 Kirschtomaten, Strünke entfernt
2 grüne Gemüsepaprika/Peperoni, gegrillt, Haut, Kerne und Stiele entfernt, und in Streifen geschnitten
Meersalz und schwarzer Pfeffer, frisch gemahlen
ca. 12 schwarze Oliven
1 Bio-Zitrone, geviertelt

Für diese köstliche, mit Knoblauch, Chili, Kreuzkümmel und Koriander (eine beliebte marokkanische Würzmischung für die Chermoula) gewürzte Tajine lassen sich auch gut Wolfs- oder Zackenbarsch sowie Katfisch verwenden. Reichen Sie dazu frisches, knuspriges Brot, um die Sauce aufzunehmen, oder Butter-Couscous (Seite103).

- Chermoula nach Rezept zubereiten, zwei Teelöffel davon zum Kochen beiseite stellen. Fisch in eine flache Schale legen und mit Chermoula einreiben. Zugedeckt ein bis zwei Stunden im Kühlschrank marinieren.

- In der Zwischenzeit Kartoffeln etwa acht Minuten in sprudelnd kochendem Wasser angaren, dann unter fließend kaltem Wasser abschrecken. Kartoffeln schälen und längs teilen.

- Zwei Esslöffel Olivenöl und Butter in einer Tajine oder einem Schmortopf mit dickem Boden erhitzen. Knoblauch darin goldbraun anbraten. Tomaten hinzufügen und weich kochen. Paprikastreifen und beiseite gestellte Chermoula dazugeben, nach Geschmack mit Salz und Pfeffer würzen. Mischung auf einen Teller geben.

- Kartoffeln auf dem Tajineboden verteilen, die Hälfte der Tomaten-Paprika-Mischung darüber löffeln. Fisch darauf setzen, restliche Mischung darüber geben. Oliven über und um den Fisch herum verteilen, übriges Olivenöl darüber träufeln. 125 ml Wasser zugießen, abschmecken. Zugedeckt ca. 15 Minuten dämpfen, bis der Fisch gar ist. Mit Zitronenvierteln und knusprigem Brot oder Butter-Couscous servieren.

4 PORTIONEN

MAROKKANISCHE FISCH-TAJINE

Hier werden statt einer Tajine eine einfache Auflaufform mit Backpapier und anstelle ganzer Fische oder unfiletierter Fischstücke Fischfilets verwendet – beides nicht ganz authentisch, aber bei uns ein akzeptabler Ersatz. Traditionell sind jedoch die verwendeten Kräuter und Gewürze und der einmalige Geschmack – wie in Marokko!

MARINADE: ***2 EL Korianderblättchen, klein gehackt***
1 EL grobes Meersalz
4 Knoblauchzehen, geschält und durchgepresst
2 EL edelsüßes Paprikapulver
½ TL Cayennepulver
1 EL Kreuzkümmelpulver (Cumin)
½ Zitrone, Saft, frisch gepresst
125 ml Olivenöl

TAJINE: ***1 kg festfleischige Fischfilets, ohne Haut, z. B. Schellfisch, Seehecht oder Kabeljau***
1 Zwiebel, geschält, grob gehackt
1 Handvoll glattblättrige Petersilie, Blättchen
2 Knoblauchzehen, geschält und halbiert
400 g Pizzatomaten
300 ml Wasser
4 dünne Karotten, geputzt, längs halbiert, in schmale Stücke geschnitten
1 TL Kreuzkümmelpulver, ½ TL Cayennepulver, 1 Prise Zucker
Meersalz und schwarzer Pfeffer, frisch gemahlen

GARNITUR: ***frische Korianderzweige, 1–2 Bio-Zitronen***

- Für die Marinade alle Zutaten in einer großen Auflaufform gut vermischen; alle Fischteile sollten darin in einer Lage hineinpassen. Eventuell noch vorhandene Gräten mit einer Pinzette entfernen. Filets abtupfen, in große Stücke zerteilen, in der Marinade solange wenden, bis sie davon überzogen sind. Abdecken und etwa 30 Minuten in den Kühlschrank stellen. Backofen auf 190 °C vorheizen.

- Für die Sauce Zwiebeln, Petersilie und Knoblauch in einer Küchenmaschine oder einem Blitzhacker fein hacken. Zwiebelmischung mit Tomaten und Wasser in eine erhitzte Bratpfanne geben. Karotten, Kreuzkümmel, Cayenne und Zucker hinzufügen. Mit Salz und Pfeffer abschmecken, gut verrühren und aufkochen. Bei reduzierter Hitze und aufgelegtem Deckel etwa 15 Minuten sanft köcheln, bis die Karotten gar sind.

- Fisch aus der Marinade nehmen und auf einen Teller legen. Sauce aus der Pfanne zur Marinade in die Auflaufform gießen und vermischen. Fisch zurück in die Form auf die Sauce geben. Mit Backpapier abdecken und 10–20 Minuten in den vorgeheizten Ofen stellen, bis der Fisch durch ist.

- Backpapier entfernen und Fisch mit den Korianderzweigen garnieren. Frisch gemahlenen Pfeffer darüber geben. Mit Zitronenvierteln und Butter-Couscous (Seite 103) oder Reis servieren.

OFEN-TAJINE
MIT MEERBARBE, TOMATEN UND LIMETTEN

2 EL Olivenöl
25 g Butter
2–3 Knoblauchzehen, geschält und in feine Scheiben geschnitten
3–4 Meerbarben, ausgenommen und gesäubert
Meersalz
2–3 große Tomaten, in dünne Scheiben geschnitten, Strünke entfernt
1 Bio-Limette, in dünne Scheiben geschnitten

GARNITUR
½ Bund glattblättrige Petersilie, grob zerteilt
1 Bio-Limette, geviertelt

Gart man einen Fisch als Ganzes in einer Tajine, wird dieser wunderbar zart und saftig. Natürlich muss der Fisch so gewählt werden, dass er in die Tajine passt. Meerbarbe, Seehecht, Dorade (Goldbrasse), Zackenbarsch und Wolfsbarsch werden in Nordafrika besonders gern im Ofen gebacken.

3–4 PORTIONEN

- Backofen auf 180 °C vorheizen.
- Olivenöl und Butter in einer Tajine oder in einem Schmortopf mit dickem Boden erhitzen. Knoblauch darin goldbraun anschwitzen. Fisch hineinlegen und braten, bis die Haut braun ist und kleine Blasen wirft. Herd ausschalten, etwas Salz über den Fisch streuen, Tomaten- und Limettenscheiben auf dem Fisch und außen herum verteilen. Deckel auflegen und etwa 15 Minuten im Ofen backen.
- Danach offen weitere fünf bis zehn Minuten im Ofen lassen, bis der Fisch durchgegart und auf der Oberseite appetitlich gebräunt ist.
- Petersilie über den Fisch streuen und mit Limettenvierteln servieren, die über dem filetierten Fisch ausgedrückt werden.

GARNELEN-TAJINE
MIT SAFRAN, INGWER UND FENCHEL

4 PORTIONEN

4 Fenchelknollen
4–5 EL Olivenöl
20 rohe Riesengarnelen, Köpfe und Darm entfernt
2 Zwiebeln, geschält und fein gewürfelt
2 Knoblauchzehen, geschält und fein gehackt
5 cm frischer Ingwer, geschält und fein gerieben oder gehackt
1–2 TL geräuchertes Paprikapulver, z. B. Pimentón de la Vera (Schärfegrad nach Geschmack)
400 g Eiertomaten im eigenen Saft (Glas oder Dose), im Sieb abgetropft und Flüssigkeit aufgefangen
je 1 kleines Bund Koriander und glattblättrige Petersilie, Blättchen fein gehackt
1 TL Zucker
Meersalz und schwarzer Pfeffer, frisch gemahlen
1 Prise Safran-Fäden

knuspriges Brot

Sehr wenige Tajines mit Meeresfrüchten basieren auf traditionellen Gerichten, sie sind eher das Ergebnis kultureller Einflüsse von außen wie z. B. die Garnelen- und Muschel-Tajines aus Tanger, die sich an den Rezepten der andalusischen Nachbarn vom gegenüberliegendem Ufer des Mittelmeers orientieren. Diese Tajine kann gut als erster oder zweiter Gang eines Menüs serviert werden.

- Fenchel waschen, das Grün beiseite legen und klein hacken. Knollen putzen und der Länge nach in zentimeterdicke Scheiben schneiden.
- Zwei bis drei Esslöffel Öl in einer Tajine oder in einem Schmortopf mit dickem Boden erhitzen. Garnelen darin zwei bis drei Minuten braten, bis sie glasig werden. Mit einem Schaumlöffel herausheben und beiseite stellen.
- Zwiebeln, Knoblauch und Ingwer im Garnelenöl drei bis vier Minuten anschwitzen, bis sie Farbe annehmen. Paprikapulver und zerkleinerte Tomaten sowie die Hälfte der Kräuter hinzufügen. Zucker einrühren, mit Salz und Pfeffer abschmecken. Zehn Minuten halb zugedeckt sanft köcheln, bis die Sauce etwas eingedickt ist.
- Fenchel in der Zwischenzeit fünf Minuten dünsten, bis er beginnt, weich zu werden. Restliches Olivenöl in einer Bratpfanne erhitzen, Fenchelscheiben darin von beiden Seiten anbraten, bis sie goldbraun sind. Mit Salz und Pfeffer bestreuen.
- Safran in die Sauce einrühren. Zuerst Garnelen, dann Fenchel auf die Sauce geben und einen Deckel auflegen. Noch fünf Minuten köcheln. Mit restlichen Kräutern und Fenchelgrün bestreuen. Sofort mit knusprigem Brot servieren.

CREMIGE MUSCHEL-TAJINE
MIT FENCHEL UND HARISSA

4–6 PORTIONEN

500 g Miesmuscheln in der Schale, küchenfertig
500 g rohe Riesengarnelen, Köpfe und Darm entfernt
1 Zitrone, Saft, frisch gepresst
2 EL Olivenöl
4–6 Schalotten, geschält und fein gehackt
1 Fenchelknolle, geputzt und klein gehackt
1–2 TL Harissa (Seite 17)
150 ml Crème double
Meersalz und schwarzer Pfeffer, frisch gemahlen
1 Bund Koriander, Blätter fein gehackt

knuspriges Brot

In einigen Küstenregionen Marokkos, z. B. in Casablanca und Tanger, werden in den Restaurants Meeresfrüchte-Tajines angeboten, die eher eine moderne Spezialität, als ein Traditionsgericht sind. Am besten mit knusprigem Brot servieren, um die cremige Sauce aufnehmen zu können.

- Muscheln und Garnelen in einen großen Topf geben und soviel Wasser zugießen, bis sie gerade bedeckt sind. Zitronensaft hinzufügen und zugedeckt aufkochen. Topf auf dem Herd rütteln, Meeresfrüchte etwa drei Minuten garen, bis sich die Muschelschalen öffnen. Meeresfrüchte mit einem Schaumlöffel herausheben und abtropfen lassen. Garflüssigkeit durchsieben, beiseite stellen und ungeöffnete Muscheln wegwerfen. Muscheln und Garnelen unter kaltem Wasser abschrecken, überwiegenden Teil der Schalen entfernen (natürlich kann man die Meeresfrüchte auch ungeschält servieren, wenn man die Mühe bei Tisch nicht scheut).

- Olivenöl in einer Tajine oder in einem Schmortopf mit dickem Boden erhitzen. Schalotten und Fenchel darin unter mehrmaligem Rühren weich braten. Harissa dazugeben und 300 ml der aufbewahrten Flüssigkeit zugießen. Aufkochen und zwei bis drei Minuten kochen. Dann Hitze reduzieren und Crème double unterrühren. Fünf Minuten sanft köcheln, nach Geschmack mit Salz und Pfeffer würzen. Muscheln und Garnelen einlegen, die Hälfte des Korianders hinzufügen und zugedeckt etwa fünf Minuten sanft garen. Mit restlichem Koriander bestreuen und sofort mit knusprigem Brot servieren.

DH
30/kg
40DH
40

GEMÜSE-TAJINES

3–4 EL Smen (Seite 14) oder 3 EL Olivenöl und 1 EL Butter
ca. 12 rosa Schalotten, geschält
ca. 8 Knoblauchzehen, geschält und leicht zerdrückt
120 g Sultaninen
120 g Mandeln, blanchiert und Haut abgezogen
1–2 TL Harissa (Seite 17)
2 EL dunkler, flüssiger Honig
1 mittelgroßer Butternut-Kürbis, längs halbiert, entkernt und in Scheiben geschnitten
Meersalz und schwarzer Pfeffer, frisch gemahlen
½ Bund Koriander, Blätter fein gehackt

GARNITUR
1 Bio-Zitrone, geviertelt

KÜRBIS-TAJINE
MIT SCHALOTTEN, SULTANINEN UND MANDELN

Mit Couscous (Seite 103) und Joghurt serviert sind Gemüse-Tajines eine wunderbare Hauptmahlzeit, doch sie eignen sich genauso gut als Beilage zu gegrilltem oder gebratenem Fleisch oder anderen Tajines. Verwendet man das Unterteil einer Tajine oder eine feuerfeste Backform, kann das folgende Rezept auch im Ofen gegart werden.

3–4 PORTIONEN

- Smen oder Öl und Butter in einer Tajine oder in einem Schmortopf mit dickem Boden erhitzen. Schalotten und Knoblauch darin goldbraun anbraten. Sultaninen und Mandeln dazugeben, dann Harissa und Honig einrühren. Kürbis hinzufügen und mehrfach wenden, bis die Stücke mit dem würzigen Öl überzogen sind. Nur so viel Wasser zugießen, dass der Boden der Tajine bedeckt ist. Deckel auflegen, sanft für 15–20 Minuten garen, bis Schalotten und Kürbis gar, aber noch nicht zerfallen sind.

- Nach Geschmack mit Salz und Pfeffer würzen, mit Koriander bestreuen und Zitronenviertel dazu reichen, um deren Saft beim Essen darüber zu träufeln. Als Beilage passt Butter-Couscous (Seite 103).

ARTISCHOCKEN-TAJINE
MIT KARTOFFELN UND ERBSEN

4–6 PORTIONEN

2–3 EL Olivenöl
2 rote Zwiebeln, geschält, längs halbiert und in Scheiben geschnitten
4 Knoblauchzehen, geschält und zerdrückt
2 TL Koriandersamen
1 TL Kreuzkümmelsamen
2 TL Kurkumapulver
1–2 TL getrocknete Minze, zerbröselt
8 mittelgroße, festkochende Kartoffeln, geschält und in Spalten geschnitten
350 ml Gemüse- oder Hühnerbrühe
4–6 Artischockenböden (TK, Glas oder Dose)
½ Bund Koriander, Blätter klein gehackt
225 g frische Erbsen oder TK-Ware
½ Salz-Zitrone (Seite 13), Schale fein gehackt
Meersalz und schwarzer Pfeffer, frisch gemahlen

GARNITUR
½ Bund Minze, Blätter

Für dieses herzhafte, rustikale Gericht eignen sich sowohl frische als auch tiefgefrorene Artischocken. Bei frischen Artischocken müssen zunächst die Hüllblätter entfernt und die Stiele abgeschnitten werden. Der haarige Flaum (Heu) wird mit einem Teelöffel vom Boden geschabt. Die vorbereiteten Artischocken in eine Schüssel mit Wasser und ein paar Spritzern Zitronensaft legen, damit sie sich nicht verfärben. Frische Artischockenböden garen – je nach Größe – um die 15 Minuten.

- Olivenöl in einer Tajine oder in einem Schmortopf mit dickem Boden erhitzen. Zwiebeln darin weich braten. Knoblauch, Koriander- und Kreuzkümmelsamen, Kurkuma und getrocknete Minze hinzufügen. Kartoffeln untermengen, mit der Gewürzmischung überziehen. Brühe zugießen und aufkochen. Bei reduzierter Hitze zugedeckt etwa zehn Minuten sanft köcheln.

- Artischockenböden und Korianderblätter dazugeben und weitere zehn Minuten garen. Erbsen und Salz-Zitrone hinzufügen, mit Salz und Pfeffer abschmecken. Ohne Deckel fünf bis zehn Minuten sanft garen, bis die Artischocken weich sind und die Flüssigkeit eingekocht ist.

- Mit frischer Minze bestreuen, dazu einen Butter-Couscous (Seite 103) oder frisches, knuspriges Brot servieren.

TAJINE MIT YAMS,
SCHALOTTEN, KAROTTEN UND TROCKENPFLAUMEN

3–4 EL Smen (Seite 14) oder 2–3 EL Olivenöl und 1 EL Butter
40 g frischer Ingwer, geschält und fein gehackt oder gerieben
1–2 Zimtstangen oder 1–2 TL Zimtpulver
ca. 16 kleine Schalotten, geschält
700 g Yamsknollen (Kartoffelyam), geschält, in mundgerechte Stücke geschnitten
2 mittelgroße Karotten, geschält, in dicke Scheiben geschnitten
175 g Dörrpflaumen, entsteint
1 EL dunkler, flüssiger Honig
425 ml Gemüse- oder Hühnerbrühe
½ Bund Koriander, Blätter grob gehackt
ein paar Minzeblätter, fein gehackt
Meersalz und schwarzer Pfeffer, frisch gemahlen

Diese karamellisierte Tajine ist mit Couscous und einem Kräutersalat ein köstliches Hauptgericht, eignet sich aber genauso gut als Beilage zu gegrilltem oder gebratenem Fleisch. Statt Yamsknollen können Sie auch Süßkartoffeln oder Kürbis verwenden.

4–6 PORTIONEN

- Smen oder Olivenöl und Butter in einer Tajine oder in einem Schmortopf mit dickem Boden erhitzen. Ingwer und Zimt einrühren. Schalotten dazugeben und rühren, bis sie Farbe angenommen haben. Yams und Karotten hinzufügen, zwei bis drei Minuten mitgaren, anschließend Pflaumen und Honig einrühren. Brühe zugießen, aufkochen und bei reduzierter Hitze zugedeckt etwa 25 Minuten sanft köcheln.

- Deckel entfernen, etwas Koriander und Minze unterrühren. Nach Geschmack mit Salz und Pfeffer würzen, eventuell die Flüssigkeit noch etwas einkochen, dazu das Gericht weitere zwei bis drei Minuten ohne Deckel weiterköcheln. Das Gemüse sollte weich und leicht karamellisiert, die Sauce eingedickt sein. Mit restlichem Koriander und Minze bestreuen und sofort servieren. Butter-Couscous (Seite 103) dazu reichen.

TAJINE MIT BUTTERBOHNEN,
KIRSCHTOMATEN UND SCHWARZEN OLIVEN

4–6 PORTIONEN

175 g getrocknete Butterbohnen, über Nacht in reichlich Wasser eingeweicht
3–4 EL Smen (Seite 14) oder 2–3 EL Olivenöl und 1 EL Butter
4 Knoblauchzehen, geschält, halbiert und zerdrückt
2 rote Zwiebeln, geschält, längs halbiert und in Scheiben
1–2 rote oder grüne Chilischoten, in dünne Ringe geschnitten, Kerne entfernt
1–2 TL Koriandersamen, zerstoßen
25 g frischer Ingwer, geschält und fein gehackt
1 Prise Safranfäden
16–20 Kirschtomaten, Strünke entfernt
1–2 TL Zucker
1–2 TL getrockneter Thymian
2–3 EL schwarze Oliven, entsteint
1 Zitrone, Saft, frisch gepresst
Meersalz und schwarzer Pfeffer, frisch gemahlen
½ Bund glattblättrige Petersilie, Blätter grob gehackt

Da Butterbohnen sehr gehaltvoll sind, kann diese Tajine als Hauptgericht sowie zu gegrilltem oder gebratenem Fleisch oder Geflügel als Beilage serviert werden. In Marokko existieren zahlreiche Variationen dieses Bohnengerichts, das manchmal auch mit Chili oder Chorizo-ähnlichen Würsten gewürzt wird.

- Eingeweichten Bohnen in einem Sieb abtropfen lassen. In einem Topf mit reichlich frischem Wasser aufkochen und fünf Minuten kochen (evtl. abschäumen), dann bei reduzierter Hitze etwa eine Stunde sanft köcheln, bis die Bohnen weich, aber noch nicht breiig sind; probieren und nach Bedarf weitergaren. Bohnen durch ein Sieb abgießen, abtropfen lassen und mit kaltem Wasser abschrecken.

- Smen oder Olivenöl und Butter in einer Tajine oder in einem Schmortopf mit dickem Boden erhitzen. Knoblauch, Zwiebeln und Chili darin weich braten. Koriandersamen, Ingwer und Safran untermischen. Zugedeckt vier bis fünf Minuten sanft köcheln. Tomaten, Zucker und Thymian dazugeben und zugedeckt garen, bis die Haut der Tomaten runzelig wird.

- Bohnen und Oliven hinzufügen, Zitronensaft zugießen und mit Salz und Pfeffer abschmecken. Zugedeckt weitere acht Minuten garen, bis Bohnen und Oliven durcherhitzt sind. Mit Petersilie bestreuen und knuspriges Brot und etwas dicken, cremigen Joghurt dazu reichen.

TAJINE MIT BABY-AUBERGINEN,
KORIANDER UND MINZE

Diese vegetarische Tajine schmeckt am besten mit Baby-Auberginen, doch Sie können größere Auberginen verwenden und diese längs vierteln. Für ein Hauptgericht serviert man Couscous und etwas dicken, cremigen Joghurt dazu; als Beilage eignet sich diese Tajine zu Fleisch und Geflügel.

4 PORTIONEN

1–2 EL Olivenöl und 1 EL Butter oder Smen (Seite 14)
1–2 rote Zwiebeln, geschält, längs halbiert und in dünne Scheiben geschnitten
3–4 Knoblauchzehen, geschält und zerdrückt
1–2 rote Chilischoten, in Ringe geschnitten und Kerne entfernt, oder 2–3 kleine getrocknete, ganze Chilischoten
1–2 TL Koriandersamen, geröstet und grob gemörsert
1–2 TL Kreuzkümmelsamen (Cumin), geröstet und grob gemörsert
2 TL Zucker
16 Baby-Auberginen mit Stielen
800 g Pizzatomaten (Glas oder Dose)
Meersalz und schwarzer Pfeffer, frisch gemahlen
1 Bund Minze, Blätter grob gehackt
1 Bund Koriander, Blätter grob gehackt
Butter-Couscous (Seite 103)
250 g cremiger Naturjoghurt, nach Geschmack

- Öl und Butter oder Smen in einer Tajine oder in einem Schmortopf mit dickem Boden erhitzen. Zwiebeln und Knoblauch darin anbraten, bis sie Farbe bekommen. Chili, Koriander, Kreuzkümmel und Zucker unterrühren. Sobald die Gewürze ihr Aroma entfalten, die Baby-Auberginen darunter mischen. Tomaten darüber geben und zugedeckt etwa 40 Minuten sanft köcheln, bis die Auberginen gar sind.

- Nach Geschmack mit Salz und Pfeffer würzen, die Hälfte der Koriander- und Minzeblätter hinzufügen. Zugedeckt weitere fünf bis zehn Minuten köcheln. Mit restlichen Kräutern bestreuen und heiß mit Couscous servieren. Nach Geschmack noch einen kräftigen Klecks cremigen Joghurt darüber geben.

WÜRZIGE KAROTTEN- UND KICHERERBSEN-TAJINE
MIT ROSENWASSER UND KORIANDER

3–4 EL Olivenöl
1 Zwiebel, geschält und fein gehackt
3–4 Knoblauchzehen, geschält und fein gehackt
2 TL Kurkumapulver
1–2 TL Kreuzkümmelsamen
1 TL Zimtpulver
½ TL Cayennepulver
½ TL schwarzer Pfeffer, frisch gemahlen
1 EL dunkler, flüssiger Honig
3–4 mittelgroße Karotten, geschält und schräg in Scheiben geschnitten
2 Dosen Kichererbsen (Abtropfgewicht je ca. 250 g), sorgfältig abgespült und abgetropft
Meersalz
1–2 EL Rosenwasser
1 Bund Koriander, Blätter fein gehackt
1 Bio-Zitrone, geviertelt
knuspriges Fladenbrot
250 g cremiger Joghurt, nach Geschmack

Für ländliche Gegenden ist dieses vegetarische Gericht typisch, denn dort ist Fleisch oft ein Luxusgut und Hülsenfrüchte, vor allem Kichererbsen, machen die Mahlzeiten gehaltvoll. Kichererbsen in Dosen sparen Zeit! Reichen Sie zu dieser Tajine einfach Zitronen, Brot und Joghurt.

4 PORTIONEN

- Öl in einer Tajine oder in einem Schmortopf mit dickem Boden erhitzen. Zwiebel und Knoblauch darin weich anbraten. Kurkuma, Kreuzkümmel, Zimt, Cayenne, Pfeffer, Honig und Karotten dazugeben. Nur so viel Wasser zugießen, dass der Topfboden bedeckt ist. Zugedeckt 10–15 Minuten sanft köcheln.

- Kichererbsen hinzufügen, Flüssigkeitsstand überprüfen und eventuell Wasser nachfüllen. Zugedeckt weitere fünf bis zehn sanft garen.

- Mit Salz abschmecken, mit Rosenwasser beträufeln und mit Korianderblättern bestreuen. Dazu Zitronenviertel reichen und nach Geschmack mit Fladenbrot und Joghurt servieren.

TAJINE MIT GEBACKENEM GEMÜSE
UND SALZ-ZITRONE

4 PORTIONEN

2–3 EL Olivenöl
2 Zwiebeln, geschält, längs halbiert und in Ringe geschnitten
4 Knoblauchzehen, geschält
5 cm frischer Ingwer, geschält
1–2 rote Chilischoten, Samen und Scheidewände entfernt
1 TL Kreuzkümmelsamen (Cumin)
1 TL edelsüßes Paprikapulver
4 Kartoffeln, geschält und in dicke Scheiben geschnitten
2 Karotten, geschält und in dicke Scheiben geschnitten
ca. 600 ml Gemüse- oder Hühnerbrühe
225 g frische Erbsen oder TK-Ware
1 Salz-Zitrone (Seite 13), Schale fein geschnitten
1 Bund Koriander, grob gehackt
Meersalz und schwarzer Pfeffer, frisch gemahlen
8–10 Brokkoliröschen (Stängel anderweitig verwenden)
4–6 große Tomaten, in feine Scheiben geschnitten, Strünke entfernt
1 EL Smen oder Butter in Flöckchen
knuspriges Brot oder Butter-Couscous (Seite 103)

Im Backofen zubereitete Tajines werden entweder in der offenen Tajine geschmort oder in traditionellen Berber-Tajines gebacken. Diese haben einen flacheren, kuppelartigen Deckel im Vergleich zur konischen Deckelform der klassischen Tajine. Dieses Rezept für Gemüse der Saison feiert auf köstliche Art den Herbst.

- Backofen auf 180 ° C vorheizen. Öl in einer Tajine oder in einem Schmortopf mit dickem Boden erhitzen. Zwiebeln darin zwei Minuten anschwitzen. Knoblauch, Ingwer und Chilis fein hacken. Mit Kreuzkümmel und Paprikapulver ein bis zwei Minuten unter Rühren darin anbraten.

- Kartoffeln und Karotten dazugeben, ein bis zwei Minuten mitgaren. So viel Brühe zugießen, bis das Gemüse ganz bedeckt ist, und aufkochen. Deckel auflegen und im vorgeheizten Backofen 20 Minuten schmoren, bis das Gemüse gar, aber noch bissfest und die Brühe ungefähr auf die Hälfte eingekocht ist.

- Erbsen und zwei Drittel der Salz-Zitrone sowie die Hälfte des Korianders unterrühren. Mit Salz und Pfeffer abschmecken.

- Brokkoli darunter mischen, Tomatenscheiben dachziegelartig darüber schichten und Smen- oder Butterflöckchen darauf verteilen. Ohne Deckel für 15 Minuten in den Backofen stellen, bis die Tomaten leicht gebräunt sind.

- Mit den restlichen Salz-Zitronen und dem übrigen Koriander bestreuen. Mit knusprigem Brot oder Butter-Couscous servieren.

DREI-PAPRIKA-TAJINE MIT EI

2 EL Smen, Ghee oder Olivenöl
1 Zwiebel, geschält, längs halbiert und in dünne Scheiben geschnitten
2–3 Knoblauchzehen, geschält und gehackt
1–2 TL Koriandersamen
1 TL Kreuzkümmelsamen (Cumin)
3 Gemüsepaprikas/Peperoni (grün, rot und gelb), Stiele und Samen entfernt, in Streifen geschnitten
2 EL grüne Oliven, entsteint und in Scheiben geschnitten
4–6 Eier
1 TL Paprikapulver oder Chiliflocken
1 kl. Bund glattblättrige Petersilie, Blätter fein gehackt
Meersalz und schwarzer Pfeffer, frisch gemahlen

dünnes Fladenbrot, geröstet

Ein typisches Gericht, das es an den Verkaufsständen bei Bushaltestellen, auf Märkten, in Häfen oder Arbeiter-Cafés gibt. Schnell zubereitet, einfach und farbenfroh, kann diese Tajine als kleiner Imbiss zu jeder Tageszeit zubereitet werden. Sie schmeckt auch als leichte Mahlzeit mit geröstetem Fladenbrot.

4–6 PORTIONEN

- Smen in einer Tajine oder in einem Schmortopf mit dickem Boden erhitzen. Zwiebeln, Knoblauch, Koriander und Kreuzkümmel darin ein bis zwei Minuten anschwitzen. Paprikastreifen und Oliven hineingeben und bei mittlerer Hitze zwei bis drei Minuten mitbraten, bis die Paprikas Farbe annehmen. Mit Salz und Pfeffer kräftig abschmecken.

- Mit einem Esslöffel vier Vertiefungen in das Gemüse drücken, damit ausreichend Platz für die Eier bleibt. Eier jeweils darüber aufschlagen und bei aufgelegtem Deckel drei bis vier Minuten sanft garen, bis das Eiweiß gestockt ist.

- Paprika über die Tajine stäuben und mit Petersilie bestreuen. Mit warmem Fladenbrot servieren.

COUSCOUS-GERICHTE

BUTTER-COUSCOUS

Traditioneller, gebutterter Couscous, kunstvoll zu einer Pyramide aufgehäuft, wird häufig als eigenes Gericht nach einer Tajine oder Fleisch vom Grill serviert. Seine Original-Zubereitung ist aufwändig, religiöse Feste oder feierliche Menüs sind ohne ihn schlicht undenkbar. Außerhalb Marokkos ist meist das vorgegarte Instant-Produkt (Seite 105) erhältlich – und dadurch wird Couscous zu einer praktischen Beilage, die viele Gerichte dieses Buches begleitet.

4–6 PORTIONEN

350 g Original-Couscous*, in einem feinen Sieb abgespült und abgetropft
½ TL Meersalz
400 ml warmes Wasser
2 EL Oliven- oder Sonnenblumenöl
25 g Butter, klein gewürfelt

GARNITUR
15 g Butter
2–3 EL Mandelblättchen

- Backofen auf 180 °C vorheizen. Abgetropften Couscous in eine feuerfeste Form geben. Salz im warmen Wasser auflösen und darübergießen. Einmal umrühren, damit alle Körner von Wasser bedeckt sind. Mit einem sauberen Küchentuch abdecken und den Couscous zehn Minuten quellen lassen.
- Couscous mit einer Gabel auflockern, Öl mit den Fingern einarbeiten, Körner hochnehmen und zurück in die Form fallen lassen, damit der Couscous locker und körnig wird. Butter auf dem Couscous verteilen. Auflaufform mit einem gut angefeuchteten Stück Backpapier abdecken. Couscous 15 Minuten im vorgeheizten Backofen garen.
- Butter in einer schweren Bratpfanne zerlassen. Mandeln einrühren und goldbraun rösten. Aus der Pfanne auf Küchenpapier geben und abtropfen lassen.
- Couscous aus dem Backofen nehmen, Körner nochmals mit einer Gabel auflockern. Entweder direkt aus der Form servieren oder auf einer schönen Platte zu einer Pyramide aufschichten. Mandeln darüber streuen.

* *Instant-Couscous, siehe Seite 105*

GRÜNER COUSCOUS
MIT FRÜHLINGSGEMÜSE UND BRÜHE

Ein frühlingsfrischer Couscous mit lauter grünem Gemüse wie Saubohnen und Erbsen, Artischocken, Frühlingszwiebeln und Baby-Zucchini.

4-6 PORTIONEN

*500 g Original-Couscous**
½ TL Salz, 600 ml warmes Wasser
1-2 EL Olivenöl und 1 EL Butter, in Flöckchen
1 l Gemüse- oder Hühnerbrühe
4-6 grüne, junge Artischocken, geputzt und geviertelt, alternativ: Artischockenherzen (Glas oder Dose), geviertelt
350 g Saubohnen, frisch ausgelöst oder TK-Ware
200 g Erbsen, frisch oder TK-Ware
12 Frühlingszwiebeln, geputzt, in 1 cm Stücke geschnitten
6 Baby-Zucchini, geputzt und in Scheiben geschnitten
1 Bund glattblättrige Petersilie, Blätter fein gehackt
1 Bund Koriander, 1 kl. Bund Minze, jeweils Blätter fein gehackt
Meersalz und schwarzer Pfeffer, frisch gemahlen

- Backofen auf 200 °C vorheizen. Couscous in eine ofenfeste Form streuen. Salz im warmen Wasser auflösen und über den Couscous geben, zehn Minuten ziehen lassen.
- Öl mit den Fingern in die Couscouskörner einmassieren, zusammengeklebte Körner trennen und gut durchlüften. Butterflocken auf dem Couscous verteilen und mit gut angefeuchtetem Backpapier abdecken. Couscous auf der mittleren Schiene im Ofen ca. 15 Minuten gut durcherhitzen.
- Brühe inzwischen in einen Schmortopf mit dickem Boden gießen und aufkochen. Artischocken darin fünf Minuten garen, dann Saubohnen, Erbsen, Frühlingszwiebeln und Zucchini dazugeben, weitere fünf bis zehn Minuten kochen, bis sie gar sind. Mit Salz und Pfeffer abschmecken, Kräuter einrühren.
- Couscous aus dem Ofen nehmen und auf eine Servierplatte geben. Gemüse mit einem Schaumlöffel aus der Brühe heben und neben oder auf dem Couscous anrichten. Zum Anfeuchten mit etwas Brühe übergießen, den Rest separat in einem Kännchen dazu reichen und sofort servieren.

* Der bei uns erhältliche Couscous ist in der Regel ein Instant-Couscous, der nur noch mit kochendem Wasser aufgegossen wird und dann fertig ausquellt. Nordafrikanische Lebensmittelläden bieten aber auch noch unterschiedlichen Couscous-Grieß an, der gedämpft zubereitet werden muss (s. Rezept). In Marokko wird dafür eine sogenannte Couscousière genutzt.

ZITRONEN-COUSCOUS
MIT GEBRATENEM GEMÜSE

4 PORTIONEN

8 Baby-Auberginen
3–4 kleine Zucchini, geputzt und längs geviertelt
2 rote Gemüsepaprikas/Peperoni, längs in Streifen geschnitten, Samen und Stiel entfernt
4 Knoblauchzehen, geschält und längs geviertelt
5 cm frischer Ingwer, geschält und in Streifen geschnitten
100 ml Olivenöl
½ Bund Koriander, Blätter grob gehackt
½ Bund Minze, Blätter grob gehackt

ZITRONEN-COUSCOUS
*500 g Original-Couscous**
½ TL Salz
600 ml warmes Wasser
1–2 EL Olivenöl
1 Salz-Zitrone (Seite 13), Schale fein gehackt
1 EL Butterflöckchen

Dieses moderne Rezept ist als Hauptgericht ideal für Vegetarier, eignet sich aber genauso gut als Beilage zu Fleisch oder zu einer Gemüse-Tajine aus dem vorherigen Kapitel. Meistens bereitet man es mit den unten angegebenen Gemüsesorten zu, man kann dafür aber auch ganz nach Belieben und Saison anderes Gemüse verwenden.

- Backofen auf 200 °C vorheizen. Gemüse, Knoblauch und Ingwer in eine feuerfeste Form geben, mit Olivenöl übergießen und mit Salz bestreuen. Im vorgeheizten Backofen etwa 30 Minuten garen, bis das Gemüse leicht gebräunt ist.
- Inzwischen Couscous in eine ofenfeste Form streuen. Salz im warmen Wasser auflösen und über den Couscous geben, zehn Minuten ziehen lassen.
- Öl mit den Fingern in die Couscouskörner einmassieren, zusammengeklebte Körner trennen und gut durchlüften. Zitronenstückchen untermischen, Butterflocken auf dem Couscous verteilen und mit einem angefeuchtetem Backpapier abdecken. Auf der mittleren Schiene im Ofen etwa 15 Minuten garen.
- Couscous auf eine Servierplatte häufen, mit Röstgemüse bedecken, etwas vom Bratöl darüber träufeln, mit Koriander und Minze bestreuen und sofort servieren.

** Instant-Couscous, siehe Seite 105*

4-6 PORTIONEN

K'DRA MIT FISCH, MUSCHELN UND COUSCOUS

*350 g Original-Couscous**
½ TL Salz, 400 ml warmes Wasser
2 EL Olivenöl
je 2 TL Kreuzkümmel-, Koriandersamen und Kurkumapulver
1 EL Harissa (Seite 17)
½ Bund glattblättrige Petersilie, Blättchen fein gehackt
2 l Fischbrühe oder Wasser
800 g Eiertomaten im eigenen Saft (Glas oder Dose), abgetropft
4-6 Knoblauchzehen, geschält und fein geschnitten
je 2-3 Karotten und Zucchini, geputzt und streichholzfein geschnitten
2 EL Oliven-oder Sonnenblumenöl
2 EL Butterflöckchen
450 g Miesmuscheln in der Schale, küchenfertig
1 kg festfleischiges Fischfilet, in Stücke geschnitten
450 g rohe Riesengarnelen, geschält, entdarmt und ohne Kopf
450 g Jakobsmuscheln, ausgelöst mit Corail
½ Bund Koriander, Blätter
Meersalz und schwarzer Pfeffer, frisch gemahlen

Die Königsklasse unter den Fischgerichten – vor allem in den Küstenregionen: Man spart weder an der zubereiteten Menge, noch an der Auswahl der Zutaten, bei denen sich Feld- und Meeresfrüchte aufs Beste im großen Kupferkessel verbinden. Jeder festfleischige Fisch ist dafür geeignet, z. B. Wolfsbarsch, Schellfisch oder Seeteufel.

- Backofen auf 180 °C vorheizen. Couscous in eine ofenfeste Form streuen. Salz im warmen Wasser auflösen und über den Couscous geben, für 20 Minuten beiseite stellen.

- Öl in einem großen Kochtopf mit dickem Boden erhitzen, Gewürze einrühren, Petersilie dazugeben und mit Fischbrühe oder Wasser aufgießen. Zum Kochen bringen, Hitze reduzieren und fünf Minuten köcheln. Knoblauch, Karotten, Zucchini und Tomaten hinzufügen und weitere zehn Minuten köcheln.

- Inzwischen Öl mit den Fingern in die Couscouskörner einmassieren, zusammengeklebte Körner trennen und gut durchlüften. Butterflöckchen darauf verteilen und mit angefeuchtetem Backpapier abdecken. Im Backofen etwa zehn Minuten garen.

- Miesmuscheln in die köchelnde Brühe geben, nach zwei bis drei Minuten den Fisch, nach weiteren zwei bis drei Minuten die Riesengarnelen und zuletzt die Jakobsmuscheln. Die Fischfilets sollen gar und zart, die Garnelen rosa, die Jakobsmuscheln noch leicht glasig und die Muscheln geöffnet sein (geschlossene Muscheln wegwerfen). Mit Salz und Pfeffer abschmecken, fein gehackten Koriander unterrühren.

- Couscous mit einer Gabel auflockern, auf einer Servierplatte aufhäufen, mit Fischstücken und Meeresfrüchten garnieren, etwas Brühe darüber träufeln. Restliche Brühe in Portionsschalen füllen, sofort servieren.

* *Instant-Couscous, siehe Seite 105*

COUSCOUS-TFAIA MIT RINDFLEISCH

Traditionell wird dieses Gericht in einer Couscousière (zweiteiliger Couscous-Topf) zubereitet. Im großen Unterteil wird das Fleisch gegart, sein Dampf gart den Couscous im darüber befindlichen Sieb. Beides lässt sich auch getrennt zubereiten.

4-6 PORTIONEN

750 g Rindergeschnetzeltes
1 Zwiebel, geschält, halbiert und in Ringe geschnitten
1 TL Korianderpulver
1 TL Kreuzkümmelpulver (Cumin)
1 Prise Safranfäden
500 g Original-Couscous*
500 ml warmes Wasser
1–2 EL Olivenöl
1 EL Butterflöckchen

TFAIA

1–2 EL Olivenöl und 2 EL Butter
4 Zwiebeln, geschält und in feine Ringe geschnitten
1–2 TL Zimtpulver
1 TL Ingwerpulver
1 TL Safranfäden, in 2 EL Wasser eingeweicht
2 EL dunkler, flüssiger Honig
3 EL Sultaninen/Rosinen, 15 Minuten in warmem Wasser eingeweicht und abgetropft
Meersalz und schwarzer Pfeffer, frisch gemahlen

- Backofen auf 180 °C vorheizen. Rindfleisch mit Zwiebelringen und Gewürzen in eine Tajine oder einen Schmortopf mit dickem Boden geben, mit ausreichend Wasser bedecken und aufkochen. Eine Stunde bei schwacher Hitze köcheln.
- Inzwischen Couscous in eine ofenfeste Form streuen. Salz im warmen Wasser auflösen und über den Couscous geben, zehn Minuten ziehen lassen. Öl mit den Fingern in die Couscouskörner einmassieren, zusammengeklebte Körner trennen und gut durchlüften. Butterflöckchen darauf verteilen und mit angefeuchtetem Backpapier abdecken. Im Backofen etwa 15 Minuten garen.
- Für die Tfaia Öl und Butter in einer schweren Pfanne erhitzen, Zwiebelringe darin zwei Minuten glasig werden lassen. Hitze reduzieren, Gewürze und den Honig dazugeben und 15–20 Minuten zugedeckt sanft köcheln. Sultaninen einrühren und nochmals zugedeckt zehn Minuten köcheln.
- Couscous auf einen Servierteller geben und eine Vertiefung für das Fleisch hinein drücken. Fleisch mithilfe eines Schaumlöffels dort hineinfüllen, mit Tfaia bedecken. Restliche Fleischsauce durch ein Sieb in eine Sauciere gießen, separat dazu servieren.

* *Instant-Couscous, siehe Seite 105*

4 PORTIONEN

WURZELGEMÜSE-RAGOUT
MIT GEWÜRZ-COUSCOUS

3 EL Olivenöl
2 EL Butter
1 rote Zwiebel, geschält und gehackt
1 Stange Staudensellerie, in 2-cm-Stücken
6 Knoblauchzehen, geschält und leicht zerquetscht
500 ml passierte Tomaten (Passata di Pomodoro)
500 ml Gemüsebrühe
2 EL frische Oreganoblätter (alternativ Majoran)
1 Pastinake, geschält und zerkleinert
2 Karotten, geschält und zerkleinert
6 kleine neue Kartoffeln mit Schale, gut gewaschen
375 ml Gemüsebrühe
2 EL Butter
*280 g Original-Couscous**
je 1 TL Kreuzkümmel- (Cumin-), Koriander- und Zimtpulver
1 TL geräuchertes Paprikapulver (Pimentón de la Vera, Schärfegrad nach Geschmack)
¼ TL Cayennepulver

Ein herzhaftes, dank der Wurzelgemüse extrem nahrhaftes Gericht. Die Couscous-Zubereitung in diesem Rezept ist zwar nicht traditionell marokkanisch. Das Ergebnis ist jedoch ein herzhaft-aromatischer Couscous, der besonders gut zum Wurzelgemüse passt.

- Öl und Butter in einem Schmortopf mit dickem Boden erhitzen. Zwiebel, Sellerie und Knoblauch darin anbraten. Bei reduzierter Hitze zehn Minuten unter häufigem Rühren leicht anbräunen und garen. Passata und Gemüsebrühe dazugeben und aufkochen. Hitze reduzieren und offen rund 20 Minuten köcheln. Pastinaken, Karotten und Kartoffeln hineingeben, Deckel auflegen und weitere 15–20 Minuten weich, aber noch bissfest kochen.

- Für den Couscous Gemüsebrühe mit Butter in einem Kochtopf zum Kochen bringen, dann auf sanfter Hitze warm halten. Couscous und Gewürze in einem Kochtopf mit dickem Boden bei mittlerer Hitze anrösten, bis die Gewürze duften und Farbe annehmen. Herdplatte abschalten und Gemüsebrühe über den Couscous gießen. Umrühren und zugedeckt zehn Minuten ziehen lassen. Mit einer Gabel auflockern und weitere fünf Minuten stehen lassen.

- Couscous in eine Schüssel füllen und nochmals gut auflockern. Gemüseragout darüber geben und sofort servieren.

* *Instant-Couscous,* *siehe Seite 105*

VOM GRILL UND AUS DER PFANNE

LAMM-KEBAB
MIT HARISSA-COUSCOUS

4–6 PORTIONEN

KEBABS

500 g mageres Lamm-Hackfleisch
1 Zwiebel, geschält und gerieben
2 Knoblauchzehen, geschält und zerquetscht
1–2 TL Zimtpulver
1–2 TL Ras-el Hanout (Seite 18)
1 TL Meersalz
½ Bund glattblättrige Petersilie, Blätter fein gehackt
½ Bund Koriander, Blättchen fein gehackt

COUSCOUS

225 g Original-Couscous*
225 ml warmes Wasser
½ TL Meersalz
1 EL Olivenöl
2–3 TL Harissa (Seite 17)
2 TL Butterflöckchen

8–12 Grillspieße

Ein weiteres bekanntes marokkanisches Straßenessen. Die Spieße schmecken von Stand zu Stand verschieden, jeder Verkäufer bringt hier seine ganz eigene Prise Gewürz oder frische Kräuter dazu. Das Nationalgewürz Ras-el Hanout fällt je nach Familienrezept unterschiedlich aus – und so kann es manchmal ganz schön schwer sein, dem genauen Geschmack dieser Spieße auf die Spur zu kommen.

- Hackfleisch für die Kebabs mit den übrigen Zutaten gut durchkneten, ein paarmal aus der Schüssel heben und wieder hineinklatschen, damit die Luft entweicht und die Masse geschmeidig und klebrig wird. Zugedeckt ein bis zwei Stunden in den Kühlschrank stellen.
- Inzwischen den Couscous in eine große Schüssel geben. Salz im warmen Wasser auflösen, über den Couscous gießen und so lange rühren, bis die Flüssigkeit aufgesogen ist. Zehn Minuten ziehen lassen. Mit den Fingern das Öl in die Couscouskörner einmassieren, zusammengeklebte Körner trennen und gut durchlüften. Harissa darunter mischen und Couscous beiseite stellen.
- Backofen auf 180 °C vorheizen und die Holzkohlenglut im Grill vorbereiten.
- Hackfleischmasse in acht bis zwölf Portionen teilen und daumengroße Würstchen daraus formen. Dann portionsweise auf die Spieße stecken.
- Couscous in eine feuerfeste Form füllen, Butterflöckchen darauf verteilen und mit angefeuchtetem Backpapier abdecken. Im Backofen 15 Minuten garen. In dieser Zeit die Spieße über der Glut von jeder Seite vier bis fünf Minuten grillen. Mit dem heißen Couscous servieren.

** Instant-Couscous, siehe Seite 105*

SOUK-KEBAB
MIT GERÖSTETEM KREUZKÜMMEL

Schnell und lecker: Streetfood at its best! Solche Spieße bekommt man überall in Marokko. Der verlockende Duft von gegrilltem Fleisch und Gewürzen weht durch die Souks und Medinas von Fès bis Marrakesch. Bekannt auch unter ihrer französischen Bezeichnung „Brochettes" bekommt man sie häufig in Fladenbrot verpackt mit einem Klacks Tomatensalsa oder Harissa.

4 PORTIONEN

1–2 Zwiebeln, geschält und gerieben
2 TL Meersalz
450 g magere Lammschulter, in mundgerechte Stücke geschnitten
1 Zitrone, Saft, frisch gepresst
2 TL Kreuzkümmelsamen (Cumin), geröstet und gemörsert
1–2 TL edelsüßes Paprikapulver
½ Bund glattblättrige Petersilie, Blätter fein gehackt
½ Bund Koriander, Blättchen fein gehackt
schwarzer Pfeffer, frisch gemahlen
1 Bio-Zitrone, geachtelt

4 Grillspieße (Holzspieße vorher wässern)

- Geriebene Zwiebel und Salz in einer Schüssel vermischen und zehn Minuten „weinen" lassen. Durch ein feines Sieb drücken oder von Hand auspressen, Saft dabei auffangen.
- Lamm in einer Schüssel mit Zwiebel- und Zitronensaft übergießen. Mit Kreuzkümmel, Paprika, Kräutern und Pfeffer abschmecken. Alles gut vermischen. Mindestens zwei Stunden oder über Nacht zugedeckt im Kühlschrank ruhen lassen, damit das Fleisch gut mariniert wird.
- Holzkohlengrill vorbereiten. Fleischstücke auf die Spieße stecken und über die Glut auf den Grillrost legen. Von jeder Seite drei bis vier Minuten grillen und mit Zitronenachteln servieren, die bei Tisch über den Spießen ausgepresst werden.

HARISSA-GEFLÜGEL-KEBABS
MIT ORANGEN UND SALZ-ZITRONE

MARINADE

4 EL Harissa (Seite 17)
2 EL Olivenöl
Meersalz

KEBABS

16–20 Hähnchen-/Pouletflügel
4 Bio-Orangen (am besten Blutorangen), geviertelt
ca. 30 g Puderzucker
½ Salz-Zitrone (Seite 13), Schale fein gehackt
½ Bund Koriander, Blätter fein gehackt

4 Grillspieße (Holzspieße vorher wässern)

Ein einfaches Rezept, das einem den Geschmack Nordafrikas auf die Zunge zaubert. Man isst dieses Gericht am besten mit den Fingern. Um die Schärfe von Harissa zu lindern, werden die Orangenviertel ausgelutscht. Sie können separat zubereitet werden oder abwechselnd mit dem Fleisch auf die Spieße gesteckt werden.

4 PORTIONEN

- Harissa und Olivenöl zu einer Paste vermischen und etwas Salz hinzufügen. Hähnchenflügel damit bepinseln, bis sie gleichmäßig davon überzogen sind. Anschließend zugedeckt zwei Stunden in der Marinade im Kühlschrank ziehen lassen.
- Einen Holzkohlen- oder den Backofengrill vorheizen. Marinierte Flügel auf Spieße stecken und von beiden Seiten je fünf Minuten grillen.
- Während das Fleisch gart, Orangenviertel in Puderzucker wenden und auf Spieße stecken. Ebenfalls ein paar Minuten grillen, bis sie leicht karamellisieren.
- Hühnerflügel mit Salz-Zitrone und Koriander bestreuen, Orangenspieße dazu servieren.

SEETEUFEL-KEBABS
MIT CHERMOULA

1 Portion Chermoula (Seite 28)
900 g Seeteufel, Schwanzstück, gehäutet und in Stücke geschnitten
12–16 Kirschtomaten, Strünke entfernt
1–2 TL edelsüßes Paprikapulver
1–2 Zitronen, halbiert

4–6 Grillspieße (Holzspieße vorher wässern)

Chermoula ist eine klassische marokkanische Gewürzmischung aus Knoblauch, Chili, Kreuzkümmel und frischem Koriander, die als Marinade für Tajines mit Fisch oder Huhn und für gegrillte Speisen verwendet wird. Für dieses Rezept eignet sich grundsätzlich jeder festfleischige Fisch, aber gegrillter Seeteufel schmeckt besonders gut.

4–6 PORTIONEN

- Chermoula wie auf Seite 28 zubereiten.
- Fischstücke in eine flache Schale geben und mit Chermoula einreiben. Zugedeckt ein bis zwei Stunden im Kühlschrank ziehen lassen.
- Einen Holzkohlen- oder den Backofengrill vorheizen. Abwechselnd marinierte Fischstücke und Kirschtomaten auf die Spieße stecken. Kebabs etwa zwei Minuten von jeder Seite grillen, bis der Fisch schön gebräunt ist.
- Mit etwas Paprikapulver bestäuben und Zitronenhälften zum Beträufeln der Spieße dazu servieren. Dazu passt einfacher Reis, mit klein gehackter Petersilie vermischt.

GEBRATENE AUBERGINEN
MIT HONIG UND GEWÜRZEN

Scharf, würzig, süßlich und fruchtig sind klassische Kombinationen in der marokkanischen Küche. Die Auberginen können in einer gusseisernen Steakpfanne oder unter dem Backofengrill zubereitet werden. Diese Köstlichkeit serviert man am besten als eigenständiges Gericht mit Butter-Couscous. Es ist aber auch eine schöne Beilage zu gegrilltem Fleisch.

4 PORTIONEN

8 Auberginen, geputzt und längs in 1-cm-dicke Scheiben geschnitten
Olivenöl
2–3 Knoblauchzehen, geschält und durchgepresst
5 cm frischer Ingwer, geschält und gewürfelt
1 TL Kreuzkümmelpulver (Cumin)
1 TL Harissa (Seite 17)
5 EL dunkler, flüssiger Honig
1 Zitrone, Saft, frisch gepresst
Meersalz
½ Bund glattblättrige Petersilie, Blätter fein gehackt

Butter-Couscous (Seite 103)

4 Grillspieße (Holzspieße vorher wässern)

- Auberginenscheiben mit Olivenöl bepinseln und in einer Steakpfanne oder unter dem heißen Backofengrill braten. Gelegentlich wenden, damit sie von beiden Seiten gleichmäßig bräunen.

- In einem Wok oder einer schweren gusseisernen Pfanne Knoblauch in etwas Olivenöl anbraten, anschließend Ingwer, Kreuzkümmel, Harissa, Honig und Zitronensaft untermischen, mit etwas Wasser verdünnen. Auberginenscheiben hineinlegen und zehn Minuten bei kleiner Hitze köcheln, bis sie die Sauce aufgenommen haben. Eventuell noch etwas Wasser angießen und nach Geschmack mit Salz würzen.

- Auberginenscheiben auf Spieße fädeln und mit Petersilie bestreuen. Heiß oder warm servieren. Sie passen zu Butter-Couscous (Seite 103) oder als Beilage zu gegrilltem Fleisch.

GEGRILLTE LAMMKEULE
MIT SMEN UND HONIG

6 PORTIONEN

Früher wurde ein ganzes Lamm oder Zicklein im Erdofen über Glut gegart und als Festtagsessen serviert. Wenn heute eine Lammkeule im Gemeinschaftsofen zubereitet wird, garen marokkanische Köche gerne noch Früchte der Saison wie frische Feigen, Pflaumen, Aprikosen oder Quitten mit.

MARINADE/RUB

4 Knoblauchzehen, geschält
7 ½ cm frischer Ingwer, geschält und fein gehackt
1 rote Chilischote, klein gehackt
1 großzügige Prise Meersalz
je ½ Bund Koriander und glattblättrige Petersilie, Blätter klein gehackt
1–2 TL Kreuzkümmelpulver
1–2 TL Korianderpulver
1 EL Ras-el Hanout (Seite 18), nach Geschmack
3 EL Smen (Seite 14), zimmerwarm, alternativ Ghee

BRATEN

1 Lammkeule (2 kg)
200 ml Wasser
2–3 EL dunkler flüssiger Honig
zerkleinerte frische Früchte, z. B. Pflaumen, Feigen, Aprikosen, Quitten, gesamt 1–2 Handvoll
1 Bund Koriander, Blätter grob gehackt
Meersalz und schwarzer Pfeffer, frisch gemahlen

BEILAGEN

Butter-Couscous (Seite 103)
1 Handvoll ungesalzene Pistazienkerne, gehackt

- Knoblauch, Ingwer und Chili im Mörser mit Salz zerstoßen. Koriander und Petersilie dazugeben, zu einer glatten Paste verarbeiten, zuletzt Kreuzkümmel- und Korianderpulver darunter mischen. Smen in eine Schüssel geben und die Paste mit dem Schneebesen unterrühren, bis sich alles gut vermischt hat.
- Mit einem scharfen Messer die Lammkeule mit vielen kleinen Einschnitten versehen. Würzige Smen-Paste gut in das Fleisch und vor allem in die Einschnitte einmassieren. Abgedeckt mindestens zwei Stunden im Kühlschrank ruhen lassen.
- Backofen auf 200 °C vorheizen.
- Lammkeule in einem Bräter mit Wasser übergießen, eine Stunde und 15 Minuten im Ofen braten. Ab und zu wenden, damit die Keule von allen Seiten schön bräunt. Mit Honig beträufeln, Früchte dazugeben und weitere 15 Minuten schmoren.
- Lammkeule auf eine Servierplatte legen, mit Alufolie abgedeckt ruhen lassen. Währenddessen den Bratensaft im Bräter nochmals erhitzen, mit Salz und Pfeffer abschmecken und die ausgepackte Lammkeule damit übergießen. Mit Koriander bestreuen, mit Früchten garnieren. Couscous mit Pistazien dazu servieren.

BRATHÄHNCHEN
MIT FRUCHTIGER COUSCOUS-FÜLLUNG

4–6 PORTIONEN

COUSCOUS-FÜLLUNG

*255 g Original-Couscous**
½ TL Salz
225 ml warmes Wasser
1 EL Olivenöl
½ TL Kreuzkümmelpulver
1 TL Korianderpulver
1 EL flüssiger Honig
2 EL Rosinen
125 g getrocknete Aprikosen, in dicke Scheiben geschnitten
125 g getrocknete Datteln, zerkleinert
2–3 EL Mandeln, blanchiert und Haut abgezogen, angeröstet

2 Knoblauchzehen, geschält und zerdrückt
2 TL getrockneter Oregano, zerrieben
1–2 TL edelsüßes Paprikapulver
2 EL Butter, zimmerwarm
1 großes Brathähnchen/-poulet (1 ½ kg, möglichst Bio)
1 dicke Scheibe Bio-Orange vom Endstück
150 ml Geflügelbrühe
grüner Salat als Beilage

Normalerweise grillt man in Marokko das ganze Brathähnchen am Spieß über Holzkohle oder bereitet es in großen Tajines zu. Im Backofen brät man es eher in den modernen Küchen der Stadtwohnungen. Mit einer aromatisch-fruchtigen Couscousfüllung und einem frischen grünen Salat bekommt man so ein ganz neues, eigenständiges Gericht.

- Backofen auf 180 °C vorheizen. Für die Füllung Couscous in eine ofenfeste Form streuen. Salz im warmen Wasser auflösen, über den Couscous geben und so lange rühren, bis die Flüssigkeit völlig aufgesogen ist. Zehn Minuten ziehen lassen. Öl mit den Fingern in die Couscous-Körner einmassieren, zusammengeklebte Körner trennen und gut durchlüften. Restliche Zutaten der Füllung darunter mischen und beiseite stellen.
- In einer kleinen Schüssel Knoblauch und Gewürze mit der weichen Butter vermischen. Hähnchen innen und außen damit bestreichen, dann mit so viel Couscous wie möglich füllen (was übrig bleibt, kann separat im Ofen gegart und später mit etwas Öl oder Butter als Beilage serviert werden). Bauchhöhle mit dem Orangenstück verschließen. Hähnchen in eine Tajine oder feuerfeste Form legen, mit Geflügelbrühe übergießen und eine bis eineinhalb Stunden garen. Ab und zu mit Bratensaft begießen.
- Hähnchen aus der Form nehmen, zehn Minuten ruhen lassen und tranchieren. Bratensaft in ein Kännchen füllen und zum Hähnchen servieren, grünen Salat dazu reichen.

---

* *Instant Couscous, siehe Seite 105*

GEGRILLTE SARDINEN-SANDWICHES
MIT CHERMOULA-FÜLLUNG

Chermoula ist in Marokko die klassische Marinade für Fisch. Sie verleiht den Gerichten ihren typischen Geschmack und ist von Koch zu Koch verschieden. Im folgenden Rezept werden die Sardinen nach Schmetterlingsart aufgeklappt, mit Chermoula gefüllt und wie Sandwiches geröstet. Sie sollten fangfrisch sein und schmecken dann – nur mit Zitrone und Brot – am besten.
Anstatt sie zu grillen, kann man sie auch frittieren.

4 PORTIONEN

1 Chermoula (Seite 28)

8 große oder 16 kleine, frische Sardinen, ausgenommen, entgrätet, ohne Kopf (der Fischhändler bereitet sie gerne küchenfertig für Sie vor)
1 Ei, aufgeschlagen
Meersalz
1 Bio-Zitrone, geviertelt oder geachtelt

- Chermoula nach Rezept zubereiten und den Holzkohlengrill anfeuern.
- Sardinen aufklappen, Hälfte der Filets mit der Haut nach unten flach ausbreiten. Chermoula darauf geben und die Seiten gut mit Ei bestreichen. Andere Hälfte der Filets darauf legen, um die „Sandwiches" fertigzustellen.
- Doppel-Sardinen über der Glut von jeder Seite zwei bis drei Minuten grillen. Mit Salz bestreuen und sofort mit Zitronenachteln oder -vierteln servieren.

ZACKENBARSCH AUS DER PFANNE MIT HARISSA-OLIVEN-SAUCE

4 PORTIONEN

SAUCE

2–3 EL Olivenöl
1 Zwiebel, geschält und grob gehackt
2 Knoblauchzehen, geschält und gehackt
1–2 Harissa (Seite 17)
1 Zimtstange
2 TL Zucker
400 g Pizzatomaten (Glas oder Dose), abgetropft
2--3 große schwarze oder Kalamata-Oliven

Meersalz und schwarzer Pfeffer, frisch gemahlen
2–3 EL Mehl
2–3 Zackenbarsche, gehäutet, filetiert und in Portionen geschnitten
Öl zum Braten
½ Bund glattblättrige Petersilie, Blätter gehackt

BEILAGE

1 Bio-Zitrone, geachtelt
knuspriges Brot

Frischer Fisch vom Grill oder frittiert ist in Marokko ein beliebtes Streetfood. Gut geeignet sind dafür festfleischige Fische wie Zackenbarsch/Snapper, Meerbrasse, Seeteufel oder Meerforelle. Am besten schmeckt das folgende Gericht mit etwas Brot, um die würzige Sauce aufzunehmen.

- Für die Sauce Olivenöl in einer schweren Pfanne erhitzen. Zwiebel und Knoblauch darin zwei bis drei Minuten Farbe annehmen lassen. Harissa, Zimtstange und Zucker, dann Tomaten einrühren. Vier bis fünf Minuten kochen. Oliven dazugeben, salzen und pfeffern.
- Für den Fisch Salz und Pfeffer mit Mehl vermischen, Fischfilets darin wälzen. Öl in einer Pfanne erhitzen, Filets darin von jeder Seite etwa zwei Minuten goldbraun backen. Auf Küchenkrepp abtropfen lassen.
- Fischfilets auf Tellern anrichten, Sauce darüber löffeln und mit Petersilie bestreuen. Mit Zitrone und Brot servieren.

GARNELEN
MIT INGWER, KREUZKÜMMEL UND CHILI

4 PORTIONEN

3 EL Olivenöl
2–3 Knoblauchzehen, geschält und klein gehackt
5 cm frischer Ingwer, geschält und gerieben
1 frische rote Chilischote
1 TL Kreuzkümmelsamen (Cumin)
1 TL edelsüßes Paprikapulver
500 g rohe Garnelen, küchenfertig
1 Bund frischer Koriander, Blättchen gehackt
Meersalz und schwarzer Pfeffer, gemahlen

knuspriges Brot
1 Bio-Zitrone, geachtelt

Eine schnelle und einfache Methode für die Zubereitung von Garnelen oder Shrimps als Snack oder Hauptgericht: Aus der Pfanne direkt auf den Teller, Brotstücke dazu, um den Bratensaft und die Gewürze aufzunehmen. Fertig!

- Öl in einer Tajine oder einer schweren gusseisernen Pfanne erhitzen. Knoblauch, Ingwer, Chili und Kreuzkümmel darin anrösten. Sobald ein angenehmes Aroma aufsteigt, Paprika einrühren und Garnelen dazugeben. Bei mittlerer Hitze braten, bis sie sich rot verfärben. Schnell herausnehmen, solange das Fleisch noch glasig und zart ist.
- Mit Salz und Pfeffer abschmecken, Korianderblättchen darüber streuen und sofort mit Zitrone und Brot servieren.

GEBRATENE FORELLEN
MIT DATTEL-REIS-FÜLLUNG

4 PORTIONEN

4 kleine oder 2 große Forellen, ausgenommen, gewaschen und trocken getupft
Meersalz und schwarzer Pfeffer, frisch gemahlen
3 EL Olivenöl mit 1 EL Butter oder 2 EL Ghee
1 Zwiebel, geschält und fein gehackt
5 cm frischer Ingwer, geschält und fein gehackt
4 EL Zimtpulver
2–3 EL Mandeln, blanchiert und Haut abgezogen, gehackt
100 g Mittel- oder Rundkornreis, gewaschen und abgetropft
200 g weiche Datteln ohne Kern, klein gehackt
1 Bund frischer Koriander, Blättchen fein gehackt
1 kl. Bund glattblättrige Petersilie, Blätter fein gehackt
1 Bio-Orange, in dünne Scheiben geschnitten

Dieses traditionelle Gericht ist oft einem Bankett oder einer Familienfeier vorbehalten. Man nimmt dafür gerne Forelle, die gefüllt in einer Tajine entweder auf dem Herd oder im Backofen zubereitet und mit Orangenscheiben angerichtet wird.

- Backofen auf 180 °C vorheizen.
- Bauchhöhlen der Forellen salzen und pfeffern. Eine feuerfeste Form mit Bratfolie auslegen, um die Fische später darin einzupacken. Forellen darauf legen.
- Olivenöl mit Butter oder Ghee bis auf einen kleinen Rest in einem Schmortopf erhitzen. Zwiebel und Ingwer darin zwei bis drei Minuten unter Rühren hellbraun anschwitzen. 3 EL Zimt und Mandeln untermischen, Reis dazugeben und mit Salz und Pfeffer abschmecken. Mit Wasser aufgießen, bis der Reis knapp bedeckt ist, und aufkochen. Hitze reduzieren und sanft köcheln, bis die Flüssigkeit ganz aufgesogen ist. Vom Herd nehmen, Deckel auflegen und den Reis zehn Minuten ruhen lassen.
- Datteln, Koriander und Petersilie in den Reis rühren. Abgekühlte Reisfüllung löffelweise in die Bauchhöhlen geben und die Fische mit dem restlichen Öl oder Ghee bestreichen. Fische einzeln mitsamt der Orangenscheiben mit Folie umwickeln und diese Päckchen im vorgeheizten Backofen 15–20 Minuten garen. Aus der Folie nehmen und für weitere fünf Minuten hell bräunen. Forellen mit je einer Prise Zimt bestäuben und sofort servieren.

WACHTELN UND KUMQUATS
VOM GRILL

Ein ideales Fingerfood fürs Barbecue! Tauben, Wachteln oder auch Stubenküken werden auf diese Art zubereitet und direkt vom Grill mit Brot serviert. Im folgenden Rezept sind die Wachteln ausgebeint. So kann man sie auch einfach in ein Pitabrot füllen und/oder einen knackig-frischen marokkanischen Salat dazu essen.

4 PORTIONEN

4 küchenfertige Wachteln, entbeint und aufgeklappt
2–3 EL Olivenöl
1 Orange, frisch gepresster Saft
5 cm frischer Ingwer, geschält und gerieben
1 Prise Safranfäden
225 g Kumquats, halbiert
2 EL flüssiger Honig
1 TL edelsüßes Paprikapulver
1 Bund Koriander, Blättchen grob gehackt

12 Grillspieße aus Metall oder Holz

- Holzspieße 20 Minuten wässern. Je einen Grillspieß durch die Wachtelflügel und einen weiteren durch die -schenkel stecken, so dass jede Wachtel zweifach aufgespießt ist. In eine flache Schale legen.
- Olivenöl, Orangensaft, Ingwer und Safran verquirlen. Mischung über die Wachteln träufeln. Abgedeckt zwei bis drei Stunden in den Kühlschrank stellen und gelegentlich in der Marinade wenden.
- Holzkohle im Grill rechtzeitig zum Glühen bringen. Kumquats auf die verbliebenen vier Spieße stecken. Wachtelspieße auf den Grill legen, mit der restlichen Marinade aus der Schale bepinseln und von jeder Seite etwa vier Minuten grillen. Nach der halben Zeit die Kumquats dazulegen und alles fertig rösten.
- Wachteln und Kumquats direkt vom Grill – mit Honig beträufelt, mit Paprika überstäubt und mit Korianderblättchen bestreut – servieren.

SCHARFE HÄHNCHENKEULEN
VOM GRILL

Neben den allgegenwärtigen Lammspießchen findet man auf Marokkos Straßen überall die scharfen, von Harissa überzogenen Hähnchenkeulen und -flügel. Ein schönes Grillrezept für zuhause. Als Fingerfood mit Papier oder Korianderblättern umwickelt servieren.

4 PORTIONEN

1-2 EL Harissa (Seite 17)
4 EL Olivenöl
Meersalz
8-12 Hähnchen-/Poulet-unterkeulen
1 Bund Koriander

- Harissa mit Olivenöl gut verrühren und salzen, Hähnchenkeulen damit bestreichen. Im Kühlschrank zugedeckt etwa zwei Stunden marinieren.
- Einen Holzkohlengrill vorbereiten.
- Hähnchenkeulen über der Glut von jeder Seite vier bis fünf Minuten grillen. Mit Korianderblättern umwickeln, damit man sich nicht die Finger verbrennt, und sofort servieren.

GEBRATENE ENTE
MIT HONIG, BIRNEN UND FRISCHEN FEIGEN

Ein außergewöhnliches Rezept für Ente, auch mit Lamm ist es einen Versuch wert! Allerdings ist es recht süß, daher einfach die Honig- und Zuckermenge ganz nach Geschmack reduzieren. Ein einfacher Butter-Couscous ist eine ideale Beilage.

4 PORTIONEN

5 cm frischer Ingwer, geschält und klein gehackt
2 Knoblauchzehen, geschält und klein gehackt
2–3 EL Olivenöl
4 Entenkeulen mit Haut
2 Birnen, Kerngehäuse entfernt, geviertelt
4 frische Feigen, Haut abgezogen, geviertelt
2 TL Zucker
2 TL Zimtpulver
1–2 EL flüssiger Honig
Meersalz
2 TL Sesamsaat, geröstet

Butter-Couscous (Seite 103)

- Ingwer und Knoblauch mit etwas Salz im Mörser zerreiben. 2 EL Olivenöl dazugeben und Entenkeulen mit der Würzpaste „impfen“. Dafür am besten mit einem scharfen Messer überall kleine Einschnitte in die Haut machen, in die man die Mischung streicht. Abgedeckt im Kühlschrank mindestens zwei Stunden ziehen lassen.
- Backofen auf 200 °C vorheizen.
- Entenkeulen auf einen Rost über der Fettpfanne legen und im Backofen etwa 30 Minuten goldbraun braten.
- Entenkeulen aus dem Ofen nehmen, abgetropftes Fett umgießen. 1 EL davon in einer Bratpfanne erhitzen, Birnen-und Feigenstücke hineingeben. Mit Zucker und Zimt bestreuen, zwei bis drei Minuten karamellisieren.
- Entenkeulen in die Fettpfanne setzen und karamellisierte Früchte dazulegen. Honig darüber träufeln und weitere zehn Minuten im Backofen braten. Danach sofort mit Sesam bestreuen und mit Butter-Couscous servieren.

GEMÜSE-BEILAGEN

GEFÜLLTE OFEN-AUBERGINEN

Während ihrer Erntezeit fehlen Auberginen bei keinem marokkanischen Menü. Man kann sie auf vielerlei Art zubereiten: als Beilage, Snack, Hauptgericht und sogar als Dessert, als eigenständigen Gang eines Menüs oder zu gebratenem oder gegrilltem Fleisch.

4 PORTIONEN

2 Auberginen, der Länge nach halbiert
2–3 EL Olivenöl und etwas mehr zum Beträufeln
1 Zwiebel, geschält und klein gehackt
3 Tomaten, gehäutet und Strünke entfernt, davon 2 klein gehackt und 1 in dünnen Streifen
2 Knoblauchzehen, geschält und zerquetscht
50 g echte Semmelbrösel oder Mie de Pain, geröstet
1 kl. Bund Koriander, Blättchen abgezupft und gehackt
1–2 TL Harissa (Seite 17)
1 TL Zucker
Meersalz und schwarzer Pfeffer, frisch gemahlen

- Backofen auf 180 °C vorheizen.
- Auberginen mit einem Löffel aushöhlen, Fruchtfleisch auf ein Schneidbrett legen. Ausgehöhlte Auberginenhälften mit Olivenöl auspinseln und auf einem Backblech vier bis fünf Minuten im Ofen backen.
- Inzwischen das Auberginenfleisch grob hacken. Zwiebel in einer Pfanne im restlichen Öl weich anschwitzen, Auberginenfleisch dazugeben. Gehackte Tomaten nach einigen Minuten einrühren, danach Knoblauch, Semmelbrösel, Koriander, Harissa und Zucker. Mit Salz und Pfeffer abschmecken.
- Mischung in die Auberginenhälften füllen, Tomatenstreifen obenauf legen, mit etwas Olivenöl beträufeln und im vorgeheizten Backofen 20–25 Minuten backen. Heiß servieren.

GEFÜLLTE TOMATEN NACH CASABLANCA-ART

*150 g Original-Couscous**
150 ml warmes Wasser
3–4 EL Olivenöl und etwas mehr zum Beträufeln
4 große Tomaten
1 Zwiebel, geschält und fein gehackt
1 Karotte, geschält und klein gewürfelt
etwas Zucker zum Bestreuen
1–2 TL Ras-el Hanout (S. 18)
je 1 Bund glattblättrige Petersilie und Koriander, Blätter fein gehackt
½ Salz-Zitrone (Seite 13), Schale fein gehackt
Meersalz und schwarzer Pfeffer, frisch gemahlen

In der Saison gibt es eine solche Fülle von sonnengereiften Tomaten, dass man sie überall findet: in Salaten, im Couscous, in Tajines, gebraten, gegrillt oder gefüllt. Gefüllt mit Couscous und Kräutern sind sie in Casablanca (aber sicher nicht nur dort!) eine beliebte Vorspeise oder in Verbindung mit einem Salat ein Hauptgericht.

4 PORTIONEN

- Backofen auf 180 °C vorheizen. Couscous in eine Schüssel streuen. Salz im warmen Wasser auflösen, über den Couscous geben und so lange rühren, bis die Flüssigkeit ganz aufgesogen ist. Zehn Minuten ziehen lassen. Mit den Fingern 1 EL Öl in die Couscous-Körner einmassieren, zusammengeklebte Körner trennen und gut durchlüften.

- Von den Tomaten oben, unterhalb vom Stielansatz einen Deckel abschneiden. Früchte mit einem Löffel aushöhlen, Pulpe mit den Samen in eine Schüssel geben. 2–3 EL Olivenöl in einer gusseisernen Bratpfanne erhitzen. Zwiebel und Karottenwürfel darin anbraten, Tomatenpulpe und Zucker einrühren. Ras-el Hanout dazugeben und zu einer dicken Sauce einkochen. Mit Salz und Pfeffer abschmecken.

- Tomatenmischung aus der Pfanne zum Couscous geben, frische Kräuter und Salz-Zitrone untermischen. Diese Füllung nun in die ausgehöhlten Tomaten löffeln, Tomatendeckel wieder auflegen. Tomaten in eine feuerfeste Form setzen, mit etwas Öl beträufeln und im vorgeheizten Backofen rund 25 Minuten backen. Sofort heiß servieren oder lauwarm mit Salat essen.

* *Instant Couscous, siehe Seite 105*

4-6 PORTIONEN

4-6 mittelgroße Kartoffeln
6-8 Eier, verquirlt
1 TL Kurkumapulver (Gelbwurz)
1 TL Kreuzkümmelpulver (Cumin)
1 TL edelsüßes Paprikapulver
½ TL Koriandersamen, gemahlen
½ Bund glattblättrige Petersilie, Blätter fein gehackt
Meersalz und schwarzer Pfeffer, frisch gemahlen
1 EL Olivenöl

MAROKKANISCHE FRITTATA

In dünne Streifen geschnitten ergibt die Frittata eine Vorspeise, in Stücken kann man sie als Snack oder als Beilage zu Gegrilltem servieren. Sie kann auf dem Herd gegart und dann unter dem Grill gebräunt oder komplett im Ofen gebacken werden.

- Kartoffeln in reichlich Wasser kochen, bis sie gar sind. Abgießen und mit kaltem Wasser abschrecken. Haut von den Kartoffeln abziehen und etwas abkühlen lassen. Kartoffeln in kleine Stücke schneiden und mit Eiern in eine Schüssel geben. Gewürze und Kräuter hinzufügen, salzen und pfeffern.

- Olivenöl in einer großen, gusseisernen Bratpfanne erhitzen und die Ei-Mischung gleichmäßig darin verteilen. Abgedeckt bei schwacher Hitze 10–15 Minuten garen, bis die Frittata aufgegangen und druckfest ist. Unter dem Backofengrill bei mittlerer Hitze noch drei bis vier Minuten bräunen. In Streifen oder Stücke schneiden und servieren.

SPINAT MIT ORANGEN UND MANDELN

500 g frischer Spinat, gut gewaschen und abgetropft
2–3 EL Olivenöl, 1 EL Butter
1 Zwiebel, geschält und grob gehackt
2 Knoblauchzehen, geschält und fein gehackt
1 Bio-Orange, Schalenabrieb und Saft, frisch gepresst
Meersalz und schwarzer Pfeffer, frisch gemahlen
2 EL Mandelblättchen, geröstet

Im Allgemeinen wird dieses Gemüse mit Spinat oder Malven zubereitet. Malven, die wild wachsen, werden auf dem Land für Gemüse und Salat gesammelt. Man kann sie im Maghreb oft bundweise am Straßenrand kaufen.

2-4 PORTIONEN

- Spinatblätter verlesen und von größeren die harten Stiele nach Geschmack entfernen. Über Dampf acht bis zehn Minuten garen. Auf einem Brett fein hacken und beiseite stellen.
- Öl und Butter in einem Schmortopf erhitzen, Zwiebel und Knoblauch darin leicht bräunen. Spinat einrühren, Orangensaft und -abrieb nach Geschmack hinzufügen, mit Salz und Pfeffer abschmecken.
- Spinat in eine Schüssel füllen und mit gerösteten Mandelblättchen überstreuen.

PFANNENGEMÜSE
MIT ANIS UND SALZ-ZITRONEN

4 PORTIONEN

2 Fenchelknollen
2 mittelgroße Zucchini
3–4 EL Olivenöl
1 EL Butter
2 TL Anissamen
Meersalz und schwarzer Pfeffer, gemahlen
½ Salz-Zitrone (Seite 13), Schale in feine Streifen geschnitten

Gemüse aus der Pfanne wie zum Beispiel Zucchini oder Artischocken wird oft mit Früchten oder Gewürzen kombiniert und als Beilage zu Tajines oder gebratenem Fleisch serviert. Das folgende Rezept aus Casablanca ist leicht, aromatisch und passt gut zu verschiedenen Fisch-Tajines.

- Gemüse vorbereiten: Fenchel von den harten Außenblättern befreien, waschen und in Viertel schneiden. Zucchini putzen und in mundgerechte Stücke schneiden.
- Olivenöl in einer gusseisernen Bratpfanne erhitzen. Fenchelstücke hineingeben, einen Deckel auflegen, Hitze reduzieren und das Gemüse 10–15 Minuten sanft braten. Zucchini hinzufügen und weitere fünf Minuten garen, bis sie weich werden.
- Butter und Anis einrühren, salzen und pfeffern. Zitronenstreifen darauf verteilen und gleich servieren.

MIT HONIG GLASIERTER OFENKÜRBIS

4 PORTIONEN

Wurzelgemüse wie Süßkartoffeln und Rüben oder Kürbis wie Butternut und andere Sorten wird häufig mit Honig und Gewürzen gebraten. So bleibt das süße Aroma des Fruchtfleischs erhalten und wird durch die Gewürze noch unterstrichen. Immer eine passende Beilage zu gebratenem oder gegrilltem Fleisch.

700 g Hokkaido-Kürbis, halbiert und Kerngeflecht entfernt
50 g Butter
2–3 EL dunkler, klarer Honig
2 Zimtstangen
3–4 Gewürznelken
1 TL Ingwerpulver
½ TL Cayennepulver
½ Bund Koriander, Blättchen fein gehackt
Meersalz und schwarzer Pfeffer, frisch gemahlen

- Backofen auf 180 °C vorheizen.
- Kürbis in mundgerechte Stücke schneiden und im Dampfkochtopf ungefähr fünf Minuten weich, aber noch bissfest garen. In eine feuerfeste Form geben.
- Butter in einer Pfanne schmelzen, Honig und Gewürze einrühren, mit Salz und Pfeffer abschmecken. Über die Kürbisstücke gießen, im vorgeheizten Backofen 15–20 Minuten fertiggaren.
- Auf einer Servierplatte anrichten, Zimt und Nelken entfernen, Korianderblättchen über den Kürbis streuen. Zu gegrilltem oder gebratenem Fleisch oder Geflügel servieren.

MAROKKANISCHE RATATOUILLE MIT DATTELN

4–5 EL Olivenöl
1 Zwiebel, geschält und in Ringe geschnitten
2 Knoblauchzehen, geschält und klein gehackt
1 rote Gemüsepaprika/Peperoni, geputzt, halbiert und in Streifen geschnitten
1 mittelgroße Aubergine, geputzt, halbiert und in Scheiben geschnitten
2 Zucchini, geputzt und in Scheiben geschnitten
225 g Datteln, längs halbiert und entkernt
800 g Pizzatomaten (Glas oder Dose)
1–2 TL Zucker
2 TL Ras-el Hanout (Seite 18)
Meersalz und schwarzer Pfeffer, frisch gemahlen
½ Bund glattblättrige Petersilie, Blätter grob gehackt

Das Gericht ähnelt seiner französischen Verwandten und bekommt eine eigene süß-scharfe Note durch Ras-el Hanout und Datteln. Dazu schmeckt Fladenbrot oder Couscous – oder man serviert die Ratatouille zu Tajines, Fleisch oder Fisch vom Grill.

4–6 PORTIONEN

- Öl in einer Tajine oder in einem Schmortopf mit dickem Boden erhitzen. Zwiebel und Knoblauch darin zwei bis drei Minuten anschwitzen. Paprika, Aubergine und Zucchini dazugeben und drei bis vier Minuten weiterbraten. Datteln und Tomaten, Zucker und Ras-el Hanout einrühren und gut vermischen. Deckel auflegen und etwa 40 Minuten fertig garen.
- Mit Salz und Pfeffer abschmecken, Petersilie darüber streuen und heiß servieren.

GEGRILLTE AUBERGINEN
IN GEWÜRZTEM HONIG

Die Süße des Honigs und die Schärfe von frischem Ingwer, Knoblauch und einem Hauch von Cayenne verleihen den Auberginen ein köstliches, intensives Aroma.

4 PORTIONEN

2 mittelgroße längliche Auberginen
4 EL Olivenöl
Meersalz
3 Knoblauchzehen, geschält und klein gehackt
5 cm frischer Ingwer, geschält und fein gerieben
1 ½ TL Kreuzkümmelpulver (Cumin)
½ TL Cayenne- oder scharfes Chilipulver
5–6 EL dunkler Honig
1 Zitrone, Saft, frisch gepresst
150 ml Wasser
1 Bund glattblättrige Petersilie, Blätter klein gehackt

- Backofengrill auf hohe Temperatur vorheizen.
- Auberginen in zentimeterdicke Scheiben schneiden. In Olivenöl wälzen und salzen. Unter dem Backofengrill auf einem Rost leicht bräunen, dabei einmal wenden,
- Restliches Olivenöl in einer Bratpfanne erhitzen, Knoblauch und Ingwer darin golden anbräunen. Kreuzkümmel, Cayenne, Honig, Zitronensaft und Wasser dazugeben und zwei Minuten aufkochen. Auberginenscheiben einlegen, Hitze reduzieren und rund zehn Minuten weich köcheln. Mit Petersilie bestreuen und servieren.

MIT KÜRBIS GEFÜLLTE PILZE AUS DEM OFEN

1 kleiner Kürbis (ca. 900 g), je nach Sorte geschält, Kerngeflecht entfernt
5–6 EL Olivenöl
½ Bund Thymian, Blättchen gehackt
¼ TL Chiliflocken
1 Knoblauchzehe, geschält und klein gehackt
8 große, flache Champignons (Portobello), geputzt und Stiele entfernt
½ Zitrone, Saft, frisch gepresst
400 g gegarte Kichererbsen aus der Dose, abgespült und abgetropft
Meersalz und schwarzer Pfeffer, frisch gemahlen
½–1 TL Kreuzkümmelpulver
½ Bund glattblättrige Petersilie, Blätter klein gehackt
evtl. 1–2 EL Crème fraîche
4 EL Kürbiskerne, geröstet

SAUCE

1 Knoblauchzehe, geschält
3–4 EL Tahin (Sesammus)
½ Zitrone, Saft, frisch gepresst
4–5 EL Natur-Joghurt
4–5 Minzeblätter, gehackt

Als Vorspeise ohne Fleisch oder als Hauptgericht mit Pilawreis und Spinatsalat servieren. Auch als Abendessen machen sich die warmen Wohlfühlaromen des Gerichts gut.

4 PORTIONEN

- Backofen auf 220 °C vorheizen.
- Kürbis zerkleinern und mit 3 EL Olivenöl, 1 TL Thymian, Chiliflocken und Knoblauch vermischen und auf ein Backblech geben. Mit Backpapier abdecken und im vorgeheizten Ofen etwa 30 Minuten weich garen.
- Pilze mit den Lamellen nach oben auf ein geöltes Backblech legen, mit ein paar Thymianblättchen bestreuen, restliches Olivenöl und die Hälfte des Zitronensaft darüber träufeln. Im vorgeheizten Ofen etwa 15 Minuten backen.
- In der Zwischenzeit den leicht abgekühlten Kürbis mit Kichererbsen im Mixer grob pürieren. Mit Salz, Pfeffer, Kreuzkümmel und restlichem Zitronensaft würzen, Petersilie einrühren. Falls das Püree zu trocken ist, etwas Crème fraîche dazugeben.
- Pilze aus dem Ofen nehmen, Temperatur auf 190 °C reduzieren. Kürbispüree auf die Pilze verteilen, Kürbiskerne und Thymianblättchen darüber streuen. Ein wenig von der Pilz-Garflüssigkeit darauf geben und im Ofen zehn Minuten garen.
- Für die Sauce Knoblauch mit etwas Salz in einer Schüssel zerquetschen, mit 3 EL Tahin und 1 EL Zitronensaft glatt rühren und allmählich Joghurt untermischen. Abschmecken und evtl. noch mehr Zitronensaft und Tahin hinzufügen, zum Schluss die Minze dazugeben. Mit den Pilzen servieren.

SALATE

ZAALOUK
AUBERGINEN-TOMATEN-SALAT

4 PORTIONEN

Ein klassischer Gemüsesalat, der entweder nur mit Brot serviert wird oder Teil eines marokkanischen Menüs sein kann. Er kann mit Oliven- oder Arganöl zubereitet werden, das aus dem Inneren des Argankerns gewonnen wird. Der Arganbaum wächst als endemische Pflanze vor allem in der Souss-Ebene Marokkos.

4 große Tomaten
100 ml Oliven- oder Arganöl
2 große Auberginen
2–3 Knoblauchzehen, geschält und zerquetscht
1 TL Harissa (Seite 17)
1 Zitrone, Saft, frisch gepresst
½ Bund glattblättrige Petersilie, Blätter fein gehackt
½ Bund Koriander, Blättchen grob gehackt
1 TL Kreuzkümmelsamen (Cumin), geröstet und gemörsert
Meersalz und schwarzer Pfeffer, frisch gemahlen
knuspriges Fladenbrot

- Backofen auf 200 °C vorheizen.
- Tomaten in eine feuerfeste Form setzen, mit der Hälfte des Öls begießen. Mit Auberginen auf einem Backblech im vorgeheizten Ofen 30 Minuten backen, bis die Auberginen weich werden und auf Fingerdruck nachgeben.
- Auberginen und Tomaten aus dem Ofen nehmen und so weit abkühlen lassen, dass man sie anfassen kann. Auberginen mit einem scharfen Messer halbieren, mit einem Löffel aushöhlen und das Fruchtfleisch fein hacken. Haut von den Tomaten abziehen, Früchte halbieren, Kerne und Strünke entfernen. Fruchtfleisch ebenfalls fein hacken.
- Restliches Öl in einer gusseisernen Bratpfanne erhitzen. Knoblauch unter ständigem Rühren darin leicht anbräunen. Tomaten und Harissa dazugeben und bei mittlerer Hitze fünf bis acht Minuten köcheln. Auberginenfruchtfleisch und Kräuter hinzufügen. Zitronensaft einrühren, mit Salz und Pfeffer abschmecken. Warm oder bei Zimmertemperatur mit Kreuzkümmel bestäubt servieren. Knuspriges Fladenbrot dazu reichen.

BRATHÄHNCHEN
MIT MINZ-TABOULÉ AUF SALAT

4 PORTIONEN

130 g feiner Bulgur
185 ml Wasser
1 Brathähnchen/-poulet, bevorzugt Bio-Qualität, fertig gebraten
je 1 Handvoll Blätter von frischer Minze, glattblättriger Petersilie und Koriander
3 Pflaumen-/Eiertomaten, halbiert oder geviertelt und Strünke entfernt
2 Salatgurken, geschält und gewürfelt
2 Romana-Salatherzen, in Blätter zerlegt
½ Zitrone, Saft, frisch gepresst
65 ml Olivenöl
Meersalz und schwarzer Pfeffer, fisch gemahlen

Vollkorn-Pita

Manchmal bekommt man fertige Brathähnchen aus ökologischer Geflügelhaltung. Zugreifen! Denn dann kann man das folgende Rezept einfach und schnell zubereiten. Übriges Fleisch kann wunderbar für Suppen, Pastetenfüllungen oder Geflügelsalat verwendet werden.

- Bulgur in eine hitzebeständige Schüssel füllen. Wasser aufkochen und über den Bulgur gießen, abdecken und 15 Minuten ziehen lassen. Umrühren, luftig auflockern und in eine größere Salatschüssel umfüllen.

- Hähnchenfleisch auslösen und je nach Geschmack mit oder ohne Haut zum Bulgur geben. Kräuter grob hacken und mit Tomaten, Gurken und Salatblättern hinzufügen.

- Zitronensaft und Olivenöl in einer Schüssel aufschlagen, bis sie sich gut verbinden. Über den Salat gießen, mit Salz und Pfeffer abschmecken und gründlich untermischen. Sofort servieren und ofenfrische Pita dazu reichen.

4 PORTIONEN

ORANGEN-RADIESCHEN-SALAT
MIT GRÜNEN OLIVEN

Orangen zählen zu den beliebtesten Früchten in der marokkanischen Küche. Man verwendet sie für pikante Salate, Tajines oder für süße Desserts mit Orangenblütenwasser. Als Vorspeise werden Orangenscheiben gerne mit schwarzen oder grünen Meslalla-Oliven kombiniert, mit etwas Kreuzkümmel-, Chili- oder Paprikapulver wird ein Salat daraus, der überall beliebt ist. Das folgende Rezept ist eine köstliche Variante aus Marrakesch.

3 süße Orangen, bis aufs Fruchtfleisch geschält
12 Radieschen, geputzt und in dünne Scheiben gehobelt
2 EL grüne Oliven, entkernt und halbiert
2 EL Oliven- oder Arganöl
1 Zitrone, Saft, frisch gepresst
1 EL Orangenblütenwasser
½–1 TL Zucker
Meersalz und schwarzer Pfeffer, frisch gemahlen
einige frische Minzeblätter, in Streifen geschnitten

- Orangen filetieren, dazu die Segmente über einem tiefen Teller mit einem scharfen Messer aus den Trennhäuten lösen, um den Saft aufzufangen. Kerne und evtl. noch vorhandene weiße Häutchen entfernen und die Filets halbieren. Filets mit Saft in eine Schüssel geben.

- Radieschen und Oliven hinzufügen. Öl, Zitronensaft und Orangenblütenwasser darüber gießen. Zuckern, dann mit Salz und Pfeffer abschmecken. Salat vorsichtig mischen und abgedeckt im Kühlschrank etwa eine halbe Stunde ziehen lassen.

- Nochmals schonend mischen und mit Minze bestreuen. Leicht gekühlt oder bei Zimmertemperatur servieren.

TOMATENSALAT
MIT SALZ-ZITRONEN UND KAPERN

Viele Tomatensalate werden – vor allem in Tourismusregionen – mit dem Etikett „marokkanisch" angeboten. Der folgende Salat ist bei den sogenannten „pieds-noirs", den aus Frankreich stammenden Kolonialisten, die sich seit dem 19. Jahrhundert in Algerien angesiedelt hatten, besonders beliebt. Es gibt etliche Variationen und alle sind säuerlich-herb, fruchtig, knackig und sehr erfrischend.

4–6 PORTIONEN

5–6 große Tomaten, gehäutet, Strünke entfernt und entkernt, in Streifen geschnitten
1 rote Zwiebel, geschält und in Streifen geschnitten
1 Salz-Zitrone (Seite 13), Schale in feine Streifen geschnitten
2–3 EL Olivenöl
½ Zitrone, Saft, frisch gepresst
Meersalz und schwarzer Pfeffer, frisch gemahlen
1–2 EL Kapern, abgespült und abgetropft
je ½ Bund glattblättrige Petersilie, Koriander und Minze, Blättchen abgezupft
1 TL edelsüßes Paprikapulver

- Tomaten, Zwiebeln und Zitronenstreifen in eine Schüssel geben. Mit Olivenöl und Zitronensaft vermischen, mit Salz und Pfeffer abschmecken und beiseite stellen.
- Kräuter fein schneiden und kurz vor dem Servieren mit den Kapern unter die Tomaten mischen. Salat mit Paprika überstäuben.

OFEN-PAPRIKAS
MIT ZIEGENKÄSE, ZWIEBELN UND PETERSILIE

3 fleischige Gemüsepaprikas/ Peperoni in Rot, Orange oder Gelb oder kombiniert
2–3 EL Argan- oder Olivenöl
200 g krümeliger Ziegenkäse oder Feta
1 rote Zwiebel, geschält und klein gehackt
½ Bund glattblättrige Petersilie, Blättchen klein geschnitten
1 Salz-Zitrone (Seite 13), Schale in feine Streifen geschnitten

Dafür eignen sich Gemüsepaprikas in allen Farben und Formen. Das süßliche saftige Fruchtfleisch der gerösteten Schoten verbindet sich mit dem leicht salzigen Käse, der Schärfe knackiger Zwiebeln und der spritzigen Frische der Salz-Zitrone. Köstlich als Vorspeise oder als Beilage zu gegrilltem Fleisch.
Statt der Petersilie kann man auch einmal den in Marokko eher unüblichen Kerbel dazu ausprobieren.

4 PORTIONEN

- Backofen auf 180 °C vorheizen.
- Paprikas auf ein Backblech legen, mit Öl beträufeln und etwa 30 Minuten im Ofen rösten, bis das Fruchtfleisch weich und die Schale runzelig ist und Blasen wirft. Aus dem Ofen nehmen und unter einem feuchten Küchentuch etwas abkühlen lassen, bis die Paprikas verarbeitet werden können: Haut abziehen und Stiele entfernen, längs vierteln, entkernen und die Früchte auf einer Servierplatte anrichten.
- Käse über die Paprikas krümeln. Zwiebel und Petersilie vermischen und darauf verteilen. Restliches Öl vom Backblech darüber träufeln und mit den Zitronenstreifen abschließen. Lauwarm servieren.

GESCHMORTE ZUCCHINI
MIT ÄPFELN UND ORANGEN

Zucchini sind ein beliebtes Sommergemüse, die mit frischen Kräutern und Knoblauch gut harmonieren und in vielen Salaten und Dips wie auch in Tajines mit und ohne Fleisch ihren Platz haben. Dieser Salat ist eine erfrischende Vorspeise oder Beilage zu Fleisch und Geflügel.

4–6 PORTIONEN

2 mittelgroße Zucchini, geputzt und quer halbiert, in Längsstreifen geschnitten
1 grüner Apfel, geschält, entkernt und in schmale Segmente geschnitten
3 EL Olivenöl
1 Zitrone, Saft, frisch gepresst
1 EL dunkler, flüssiger Honig
2 süße Orangen, geschält und weiße Haut entfernt
½ Salz-Zitrone (Seite 13), Schale in feine Streifen geschnitten
½ Bund frische Minze, Blättchen je nach Größe zerkleinert
Meersalz

- Backofen auf 180 °C vorheizen.
- Zucchini- und Apfelstücke in eine Backform legen, mit Olivenöl übergießen. Rund 20 Minuten im Ofen schmoren. Zitronensaft und Honig darauf verteilen, weitere zehn Minuten in den Ofen stellen, bis Obst und Gemüse leicht golden und weich sind. In der Form abkühlen lassen.
- Orangen in dünne Scheiben schneiden, Kerne entfernen und den austretenden Saft auffangen. Orangenscheiben auf einer Platte arrangieren, Zucchini- und Apfelstücke darauf verteilen. Orangensaft mit dem Fond aus der Backform verrühren und mit etwas Salz abschmecken. Gemüse und Früchte damit beträufeln, Salzzitronenstreifen und Minzeblättchen darüber streuen. Gekühlt oder bei Zimmertemperatur servieren.

GRÜNE OLIVEN
MIT BITTERORANGEN UND KORIANDER

3-4 PORTIONEN

350 g fleischige grüne Oliven
1–2 EL Koriandersamen, geröstet und zerstoßen
½ Bio-Bitterorange, ersatzweise ½ Salz-Zitrone (Seite 13), Schale in feine Streifen geschnitten
3 EL Olivenöl

knuspriges Fladenbrot

Allgegenwärtig – nicht nur in Marokko – sind Olivensnacks in kleinen Schüsseln: saftige, pralle Oliven, die schwarz, grün, violett oder rötlich-braun, von Olivenöl überzogen schimmern und zum Zugreifen einladen. Oliven spielen aber auch eine wichtige Rolle in Tajines, Dips und Salaten wie dem folgenden, der frische oder eingelegte Bitterorangenschale enthält. Wenn Sie Schwierigkeiten haben, diese zu bekommen, nehmen Sie einfach die Schale einer halben Salz-Zitrone.

- Oliven von den Steinen schneiden und in einer Schüssel mit Koriander und Bitterorange vermischen. Mit Olivenöl übergießen und eine Stunde ziehen lassen. (Sie können das aber auch schon früher vorbereiten und gut verschlossen im Kühlschrank zwei bis drei Tage aufbewahren.)
- Mit ofenwarmen Fladenbrotstücken servieren.

KICHERERBSENSALAT
MIT ZWIEBELN UND ZIEGENKÄSE

4 PORTIONEN

Kichererbsen, Bohnen und Linsen stehen im Maghreb vor allem in ländlichen Gegenden auf dem Speisezettel, wo Fleisch knapp und teuer ist. Sie sind Bestandteile von Eintopfgerichten, ergänzen Couscous und viele Salate. Der folgende Salat wird warm serviert und gerne mit zerkrümeltem Ziegenkäse bestreut.

225 g Kichererbsen, mindestens 6 Stunden in viel Wasser eingeweicht
1 rote Zwiebel, geschält, halbiert und in Scheiben geschnitten
4 Knoblauchzehen, geschält und klein gehackt
1 TK Kreuzkümmelpulver (Cumin)
1–2 TL edelsüßes Paprikapulver
3 EL Olivenöl
1 Zitrone, Saft, frisch gepresst
½ Bund glattblättrige Petersilie, Blätter grob gehackt
½ Bund Koriander, Blättchen grob gehackt
125 g Ziegenkäse oder Feta, nach Geschmack
Meersalz und schwarzer Pfeffer, frisch gemahlen

knuspriges Brot

- Kichererbsen in einem Sieb abspülen und abtropfen lassen. In einem großen Topf mit ausreichend frischem Wasser bedecken und aufkochen. Hitze reduzieren und etwa 45 Minuten köcheln, bis die Kichererbsen weich, aber noch bissfest sind. Abtropfen und etwas abkühlen lassen. Häutchen entfernen – das geht am besten in einem trockenen Küchentuch oder zwischen den Fingern.

- Noch warme Kichererbsen in einer Schüssel mit Knoblauch und Gewürzen vermischen, Zitronensaft und Öl hinzufügen, so dass sie rundum davon überzogen sind. Mit Salz und Pfeffer abschmecken, fast alle Kräuter untermengen. Nach Geschmack Käse darüber krümeln und mit den restlichen Kräutern bestreuen.

- Lauwarm mit frischem Brot servieren.

WÜRZIG MARINIERTE ROHKOST

4–6 PORTIONEN

2 mittelgroße Karotten, geschält und gestiftelt
1–2 weiße Rettiche (Eiszapfen), geschält und gestiftelt
1 kleine Salatgurke, geschält, entkernt und gestiftelt
1 rote Gemüsepaprika/Peperoni, entkernt und gestiftelt
Meersalz
2 TL rosa Pfefferkörner
1–2 TL Kreuzkümmelsamen (Cumin)
einige Safranfäden
1–2 Zimtstangen
2 EL Mandeln, blanchiert und Haut abgezogen
2–3 Zitronen, Saft, frisch gepresst
1 EL heller Essig
2 EL Zucker
1–2 Orangenblütenwasser
½ Bund Koriander, Blättchen fein geschnitten

Wer durch die Souks und Medinas von Fès oder Marrakesch streift, ist immer wieder begeistert von der farbenfrohen Pracht übereinander gestapelter Gläser mit eingemachtem oder würzig eingelegtem Obst und Gemüse: Bitterorangen, Auberginen und Rübchen wetteifern mit Radieschen, Pfirsichen, Gurken und Roter Bete. Oft sind sie mild gewürzt oder mit Knoblauch gespickt, manchmal safrangefärbt – Appetizer oder Snacks zu Salaten, Spießchen, Bratwürstchen und pikantem Gebäck. Man kann diese Gemüse-Pickles gut am Vortag zubereiten. In Gläsern halten sie sich im Kühlschrank bis zu zwei Wochen.

- Alle Gemüsestifte in einer Schüssel gründlich salzen. Rund 30 Minuten „weinen“ lassen, dann durch ein Sieb gießen, abspülen und gut abtropfen lassen.
- Gemüse zurück in die Schüssel geben, Gewürze und nach Geschmack Mandeln hinzufügen. Mit Zitronensaft, Essig und Zucker gut vermischen. Abgedeckt im Kühlschrank sechs Stunden oder über Nacht ziehen lassen.
- Vor dem Servieren Orangenblütenwasser und Koriander untermischen. Pickles bei Zimmertemperatur servieren.

BIRNEN-CHICORÉE-SALAT
MIT ROSENBLÜTEN

Marokkaner lieben Rosenblüten in Salaten, auf Tischdecken und in den kleinen Springbrunnen der Medinas und Innenhöfe. Prachtvolle duftende Rosenstöcke sind der Stolz vieler Gärten und Innenhöfe, wo sie neben großen Töpfen mit Kräutern stehen. In diesem Salat balanciert die Süße der Birnen den bitteren Chicorée aus, beides wird vom Duft und Aroma der essbaren Rosenblütenblätter veredelt.

4–6 PORTIONEN

2–3 reife, aber feste Birnen, geputzt, in Achtel geteilt und Kerngehäuse entfernt
2 Chicoréekolben oder längliche Radicchios, in Blätter zerlegt
2–3 EL Oliven- oder Arganöl
½ Zitrone, Saft, frisch gepresst
2 TL heller, flüssiger Honig
Meersalz und schwarzer Pfeffer, frisch gemahlen
1 Handvoll essbare Duftrosenblütenblätter

❁ Birnenachtel und Chicoréeblätter in einer Schale ausbreiten. Öl, Zitronensaft und Honig verrühren, mit Salz und Pfeffer abschmecken und über den Salat gießen. Rosenblütenblätter locker darüber verteilen und erst kurz vor dem Servieren untermischen, damit sie nicht matschig werden.

WASSERMELONENSALAT
MIT ROSENWASSER UND ZITRONENMELISSE

Wenn es in einem marokkanischen Haushalt zum Abschluss einer Mahlzeit Früchte gibt, werden sie gewöhnlich als Salat oder dekorativ auf einer Platte serviert. Gehackte Nüsse oder Kräuter wie Zitronenmelisse oder Minze kommen häufig darüber. Säuerliche Früchte werden gelegentlich mit Honig beträufelt und klassisches Orangenblüten- oder Rosenwasser sorgt für den besonderen Aromakick.

1 reife Wassermelone oder 1 großes Stück (ca. 1 ½ kg)
2 TL Zucker
3–4 EL Rosenwasser
1 kl. Bund Zitronenmelisse

4–6 PORTIONEN

- Melonenfleisch aus der Schale lösen und auf eine Platte legen, um den Saft aufzufangen. Kerne entfernen und Fruchtfleisch in mundgerechte Bissen schneiden. In eine Schale geben und den Melonensaft darüber gießen.
- Zucker in Rosenwasser auflösen und über die Melone gießen. Locker vermischen, abdecken und im Kühlschrank mindestens eine Stunde ziehen lassen.
- Vor dem Servieren nochmals kurz durchmischen und kleine oder zerkleinerte Zitronenmelisseblätter darüber streuen. Gekühlt oder auf Zimmertemperatur reichen.

SUPPEN UND SNACKS

VEGETARISCHE CHORBA MIT RAS-EL HANOUT

4–6 PORTIONEN

3 EL Olivenöl und 1 EL Butter oder 3 EL Ghee
2 Zwiebeln, geschält und klein gehackt
1 Butternutkürbis, geschält und klein geschnitten
4 Selleriestangen, geputzt, gewaschen, klein geschnitten
2 Karotten, geschält und klein geschnitten
1–2 TL Kurkumapulver (Gelbwurz)
2–3 EL Ras-el Hanout (Seite 18)
1 EL Zucker
800 g Pizzatomaten (Glas oder Dose)
1 EL Tomatenmark
1 ½ l Gemüsebrühe
Meersalz und schwarzer Pfeffer, frisch gemahlen
4–5 EL Naturjoghurt
1 Bund Koriander, Blättchen abgezupft

frisch gebackenes Fladenbrot

Diese sämige Gemüsesuppe ist mit Brot eine eigenständige Mahlzeit. Sie kann aber genauso gut als Vorspeise serviert werden. Würzig, rustikal und mit einem Klacks cremigen Joghurt gekrönt, ist die Chorba angenehm aromatisch und sättigend. Auch mit Geflügelbrühe schmeckt sie gut.

- Öl mit Butter in einem Topf mit dickem Boden erhitzen. Gemüse darin etwa fünf Minuten anschwitzen, bis es etwas Farbe angenommen hat und weich zu werden beginnt. Gewürze einrühren, danach Tomaten und zuletzt Tomatenmark hinzufügen. Brühe angießen und aufkochen. Hitze reduzieren und 30–40 Minuten sanft kochen, bis das Gemüse weich und die Flüssigkeit ein wenig eingekocht ist.
- Mit Salz und Pfeffer abschmecken und in vorgewärmte Suppenschüsseln verteilen. Je einen Klacks Joghurt darauf setzen, mit Koriander bestreuen und sofort mit ofenwarmem Brot servieren.

HERZHAFTE LINSENSUPPE
MIT LAMM, KICHERERBSEN UND KREUZKÜMMEL

2–3 EL Oliven- oder Arganöl
2 Zwiebeln, geschält und klein gehackt
2 Selleriestangen, geputzt und gewürfelt
2 kleine Karotten, geschält und gewürfelt
2–3 Knoblauchzehen, geschält und zerquetscht
1 EL Kreuzkümmelsamen
450 g mageres Lammfleisch, entbeint und in mundgerechte Stücke geschnitten
2–3 TL Kurkumapulver
2 TL edelsüßes Paprikapulver
2 TL Zimtpulver, 2 TL Zucker
2 Lorbeerblätter
2 EL Tomatenmark
1 l Lamm- oder Geflügelbrühe
400 g Kichererbsen, gegart
400 g Pizzatomaten (Glas oder Dose)
100 g braune o. grüne Linsen
je 1 kl. Bund glattblättrige Petersilie und Koriander, Blätter klein gehackt
Meersalz und schwarzer Pfeffer, frisch gemahlen
knuspriges Brot

Dieser Suppe begegnet man in zahlreichen Variationen in der gesamten arabischen Welt. Allein in Marokko gibt es je nach regionaler Verfügbarkeit der Zutaten mindestens ein Dutzend davon. Sie ist eine klassische Mahlzeit im Ramadan. Dick und herzhaft mit einer Konsistenz zwischen Suppe und Eintopf isst man sie als komplette Mahlzeit mit knusprigem Landbrot, Fladenbrot oder Brötchen.

4–6 PORTIONEN

- Öl in einem Topf mit dickem Boden erhitzen. Zwiebel, Sellerie und Karotten darin anschwitzen. Knoblauch, Kreuzkümmel und Lammfleisch dazugeben und leicht anbräunen. Gewürze, Zucker, Lorbeer und Tomatenmark einrühren, Brühe aufgießen und aufkochen. Hitze reduzieren, Deckel auflegen und eine Stunde weich köcheln.

- Tomaten, Kichererbsen und Linsen dazugeben und eine weitere halbe Stunde köcheln, bis die Linsen weich sind und die Suppe schon fast so dick wie ein Eintopf ist. Gegebenenfalls noch etwas Wasser angießen, die Linsen werden das meiste aufsaugen. Mit Salz und Pfeffer abschmecken und die Kräuter bis auf einen kleinen Rest dazugeben. Heiß servieren und mit den restlichen Kräutern bestreuen. Viel Brot bereitstellen, um die Suppe damit aufzunehmen.

MAROKKANISCHE BOUILLABAISSE
MIT ZITRONE UND HARISSA

2–3 EL Olivenöl
2 Zwiebeln, geschält und klein gehackt
2 Selleriestangen, geputzt und gewürfelt
2–3 Knoblauchzehen, geschält und zerquetscht
1–2 EL Harissa (Seite 17)
1 kl. Bund glattblättrige Petersilie, Blätter klein gehackt
1 l Fischbouillon oder Wasser
2 Zitronen, Saft, frisch gepresst
1 Glas Sherry fino oder Weißwein
400 g Eiertomaten im eigenen Saft (Glas oder Dose), abgetropft
Meersalz und schwarzer Pfeffer, frisch gemahlen
1 kg festfleischiger Fisch (Kabeljau, Schellfisch, Wolfsbarsch, Seehecht oder Seelachs), in große Stücke geteilt
500 g Meeresfrüchte, z. B. Garnelen, Venus- und Miesmuscheln in der Schale, küchenfertig
1 kl. Bund Koriander, Blättchen klein geschnitten

Brot oder Butter-Couscous (Seite 103) als Beilage

Obwohl Marokko eine lange Küste hat, gibt es nur wenige landestypische Fischsuppen. Der größte Teil des Tagesfangs landet auf den Grills am Straßenrand oder in Tajines. Dennoch findet man in Küstenstädten wie Casablanca, Tanger oder Agadir gastronomische Perlen, die mediterrane Fischsuppen nach französischer oder spanischer Art anbieten. Am besten isst man sie als eigenständiges Gericht mit Brot oder einfachem Couscous.

4–6 PORTIONEN

- Öl in einem Kochtopf mit dickem Boden erhitzen. Zwiebeln, Sellerie und Knoblauch darin leicht anbräunen. Harissa und Petersilie einrühren, Bouillon zugießen. Aufkochen und bei reduzierter Hitze zehn Minuten köcheln, damit sich die Aromen verbinden.
- Zitronensaft, Sherry oder Wein und danach die in mundgerechte Stücke zerteilten Tomaten einrühren. Mit Salz und Pfeffer abschmecken. Fisch und Meeresfrüchte vorsichtig einlegen und kurz aufkochen, dann noch drei bis vier Minuten sanft gar köcheln. Geschlossene Muscheln entfernen.
- Korianderblättchen darüber streuen und mit viel Brot oder Couscous servieren.

HARIRA MIT LAMM

2 EL Olivenöl extra vergine
450–500 g Lammhaxe
2 Zwiebeln, geschält und klein gehackt
3 Selleriestangen, geputzt und gewürfelt
3 Knoblauchzehen, geschält und gehackt
1 TL Zimtpulver
½ TL Safranfäden
½ TL Ingwerpulver
etwas Muskatnuss, frisch gerieben
Meersalz und schwarzer Pfeffer, frisch gemahlen
1 EL Tomatenmark
4 Tomaten, Strünke entfernt und klein geschnitten
700 ml Lammbrühe oder Wasser
200 g Kichererbsen, gegart
100 g grüne Linsen
1 Zitrone, Saft, frisch gepresst
½ Bund Koriander, Blättchen grob zerteilt

Diese Suppe gibt es überall in Marokko. Im Ramadan, wenn beinahe das ganze Land fastet, herrscht abends nach Sonnenuntergang in den geschäftigen Souks auf einmal eine unheimliche Stille: Es ist Zeit für die erste Mahlzeit des Tages und die Verkäufer in ihren Ständen löffeln ihre Harira. Meistens enthält sie ein wenig Fleisch, Tomaten und viele Gewürze. Manche rühren noch ein Ei dazu oder Sauerteig. Ich habe auch schon Vermicelli und Reis in den Tellern entdeckt. Mein Rezept definiert sich über das dezente Aroma von Safran und dazu passende Gewürze. Und dick genug finde ich es auch ohne zusätzliche Einlagen.

4–6 PORTIONEN

- Öl in einem Schmortopf mit dickem Boden erhitzen. Die Lammhaxe darin gleichmäßig braun anbraten. Zwiebeln, Sellerie, Knoblauch und Gewürze dazugeben, salzen und pfeffern. Deckel auflegen, Hitze etwas reduzieren und zehn Minuten kochen, dabei gelegentlich umrühren.

- Tomatenmark und Tomaten hinzufügen, weitere zwei bis drei Minuten kochen. Brühe angießen und eine Stunde kochen. Linsen und Kichererbsen dazugeben und weitere 40 Minuten kochen. Dann sind die Hülsenfrüchte weich und das Fleisch lässt sich leicht vom Knochen lösen.

- Ausgelöstes Fleisch kleinwürfelig schneiden, zurück in die Suppe geben, mit Zitronensaft und Salz abschmecken. Korianderblättchen einrühren und sofort servieren.

KLEINE FISCH-KEFTA MIT SAFRAN

4 PORTIONEN

450 g gegarte Fischfilets ohne Haut (z. B. Wolfsbarsch oder Schellfisch), zerpflückt
1–2 TL Harissa (Seite 17)
½ Salz-Zitrone (Seite 13), Schale fein geschnitten
1 kl. Bund Koriander, Blättchen klein geschnitten
einige Safranfäden, in 1 TL Wasser eingeweicht
2 TL dunkler, flüssiger Honig
1 Ei
Meersalz und schwarzer Pfeffer, frisch gemahlen
ca. 50 g Brotkrumen ohne Kruste oder Mie de pain
2 EL Mehl
Öl zum Frittieren
1 Bio-Zitrone, geachtelt

Zu den Streetfood-Freuden in marokkanischen Küstenstädten wie Essaouira gehört der Duft von gegrilltem oder ausgebackenem Fisch, appetitanregend gewürzt und in Form von Kefta oder Spießchen zubereitet. Oft bekommt man einen Salat, einen Dip und eine Schale Oliven dazu – ein leckerer Happen zwischendurch!

- Fisch mit Harissa, Salz-Zitrone, Koriander und Honig in eine Schüssel geben. Safran mitsamt Einweichwasser hinzufügen, Ei hineinschlagen, mit Salz und Pfeffer abschmecken. So viel Brotkrumen dazugeben, bis der Teig bindet, und gut von Hand verkneten. Mit angefeuchteten Händen aprikosengroße Bällchen formen und leicht durch das Mehl rollen.

- Öl in einem Topf mit dickem Boden erhitzen und die Bällchen darin drei bis vier Minuten goldbraun ausbacken. Auf Küchenpapier abtropfen lassen und noch heiß mit Zitronenachteln servieren.

BOUREK
TEIGRÖLLCHEN MIT WÜRZIGER HACKFLEISCHFÜLLUNG

4–6 PORTIONEN

1–2 EL Olivenöl
1 Zwiebel, geschält und klein gehackt
2 EL gehackte Mandeln
1 TL Ras-el Hanout (Seite 18)
225 g Rinderhack
Meersalz und schwarzer Pfeffer, frisch gemahlen
8 Filoteigblätter
Öl zum Braten

Für die Füllung der Röllchen gibt es zahlreiche Möglichkeiten, z. B. Geflügel, Spinat, Lamm- oder Rinderhack. Als Streetfood sind die „Zigarren", wie sie auch genannt werden, genauso beliebt wie Fleischspießchen.

- Olivenöl in einem Topf mit dickem Boden erhitzen. Zwiebel und gehackte Mandeln darin golden anschwitzen, Ras-el Hanout einrühren. Hackfleisch dazugeben und braten, bis es schön gebräunt und gar ist. Mit Salz und Pfeffer abschmecken, gut abkühlen lassen.

- Teigblätter auf einer Arbeitsplatte ausbreiten, in 8–10 cm breite Streifen schneiden und mit einem feuchten Tuch abdecken. Auf einen Teigstreifen am kurzen Ende einen kleinen Löffel voll Hackfleischmasse geben, linken und rechten Teigrand darüber schlagen und aufrollen. Das Ende des Teigstreifens mit etwas Wasser bestreichen, fertig aufrollen und leicht andrücken. Alle „Zigarren" so aufrollen und mit einem feuchten Tuch abdecken, damit sie nicht austrocknen.

- Ausreichend Öl in einem Schmortopf auf ca. 200 °C erhitzen (Tipp: sobald sich an einem Holzkochlöffel Blasen bilden, wenn man ihn in das Öl hält, ist die Temperatur richtig). Röllchen darin goldbraun ausbacken. Auf Küchenpapier abtropfen lassen und warm servieren.

TEIGTASCHEN
MIT THUNFISCH-EI-FÜLLUNG

Diese an der Küste beliebten gefüllten Teigdreiecke stammen ursprünglich aus Tunesien und wurden von der marokkanischen Küche adoptiert. Da die Zubereitung so ausgelegt ist, dass das Ei in den Teigtaschen noch flüssig bleibt, besteht die Kunst beim Essen darin, die Taschen an den Ecken zu halten und in der Mitte hinein zu beißen.

4 PORTIONEN

1 EL Olivenöl
1 Zwiebel, geschält und klein gehackt
6–8 Anchovis (Sardellenfilets)
200 g Thunfisch aus der Dose (natur), abgetropft
1 EL Kapern, abgespült und abgetropft
½ Bund glattblättrige Petersilie, Blätter klein gehackt
2 Filoteigblätter, in 4 Quadrate à 20 × 20 cm zugeschnitten
4 Eier
Öl zum Braten

- Olivenöl in einem Schmortopf mit dickem Boden erhitzen. Zwiebel darin zwei Minuten glasig anschwitzen. Anchovis dazugeben und sanft braten, bis sie mit dem Öl verschmelzen. Vom Herd nehmen und abkühlen lassen. In eine Schüssel umfüllen und Thunfisch darin mit einer Gabel auflockern. Kapern und Petersilie gut untermischen.

- Filoquadrate auf einer Arbeitsplatte ausbreiten und jeweils ein Viertel der Thunfischmasse in einer dreieckigen Hälfte platzieren. Eine Vertiefung in die Masse drücken und ein Ei hinein schlagen. Die leere Hälfte des Teigquadrats darüber klappen. Darauf achten, dass das Eigelb nicht verletzt wird. Die Teigränder mit Wasser bestreichen und gut andrücken. Die vier Teigtaschen so vorbereiten.

- Ausreichend Öl in einem Schmor- oder Frittiertopf erhitzen, bis es kleine Blasen bildet. Erste Teigtasche hineingleiten lassen. Von jeder Seite eine Minute goldbraun ausbacken, vorsichtig mit einem Schaumlöffel herausheben und auf Küchenpapier abtropfen lassen. Den Vorgang mit den restlichen drei Taschen wiederholen und noch warm servieren. Das Eigelb in der Füllung ist dabei immer noch weich (siehe oben).

GEFÜLLTE TEIGTASCHEN
MIT MEERESFRÜCHTEN UND KORIANDER

4–6 PORTIONEN

TEIG

15 g Frischhefe
400 ml warmes Wasser
350 g Mehl, 1 TL Salz
175 ml Sonnenblumenöl

FÜLLUNG

2–3 EL Olivenöl, 1 EL Butter
je 2 Zwiebeln und Knoblauchzehen, geschält und fein gehackt
1 rote oder grüne Chilischote, entkernt und fein gehackt
je 1 TL Kreuzkümmel-, Koriander- und edelsüßes Paprikapulver
175 g kleine frische Garnelen, geschält und Därme entfernt
175 g kleine Tintenfische (Tintenbeutel, Kopf und Schulp entfernt), in schmale Ringe geschnitten
1 Bund Koriander, Blättchen fein gehackt
1 kl. Bund glattblättrige Petersilie, Blätter fein gehackt
1 Zitrone, Saft, frisch gepresst
Meersalz und schwarzer Pfeffer, frisch gemahlen
Sonnenblumenöl
1 Eigelb, mit 1 EL Wasser verquirlt

Ein wunderbarer Snack aus Essaouira, der malerischen weißblauen Hafenstadt. Original wird er auf gusseisernen Platten über dem Feuer gebacken.

- Hefe in 100 ml warmem Wasser auflösen. Warm stellen, bis es schäumt.
- Mehl und Salz in eine große Schüssel sieben, in die Mitte eine Mulde drücken. Öl und aufgelöste Hefe hineingießen, Mehl vom Rand aus untermischen. Dabei nach und nach restliches Wasser zugießen und so lange kneten, bis ein glatter, weicher Teig entsteht.
- Teig in zwölf gleich große Portionen teilen, jeweils zu Kugeln rollen und auf eine mit etwas Mehl bestäubte große Platte setzen. Ein feuchtes Geschirrtuch darüber legen und die Teigkugeln bei Zimmertemperatur etwa eine Stunde gehen lassen, bis sich ihr Volumen verdoppelt hat.
- Für die Füllung in einem Schmortopf Öl mit Butter erhitzen. Zwiebeln, Knoblauch und Chili zwei bis drei Minuten darin anschwitzen, bis sie etwas Farbe bekommen. Gewürze, Garnelen und Tintenfische dazugeben. Kräuter und Zitronensaft untermengen, mit Salz und Pfeffer abschmecken. Hitzezufuhr abstellen und Mischung abkühlen lassen.
- Backofen auf 180 °C vorheizen. Auf einer mit Öl bepinselten Arbeitsfläche die Teigkugeln platt drücken. Mit eingeölten Fingern zu dünnen Teigscheiben (12–15 cm Ø) auseinander ziehen. Knapp neben die Mitte jedes Teigfladens einen großen Löffel Füllung geben. Kleinere Teigseite darüber legen, kurze Seiten zur Mitte hin einschlagen. Teig von der anderen Seite so darüber falten, dass kleine Päckchen entstehen. Teigränder mit etwas Wasser versiegeln.
- Teigpäckchen mit der Nahtseite nach unten auf ein mit Öl bestrichenes Backblech setzen, mit der Eigelbmischung bepinseln. Teigtaschen etwa 30 Minuten im vorgeheizten Backofen knusprig und goldbraun backen. Mit etwas Paprikapulver bestäuben und servieren.

SÜSSES UND GETRÄNKE

GEFÜLLTE TROCKENPFLAUMEN
MIT WALNUSS IN WÜRZIGEM ORANGEN-SIRUP

Pflaumen und Datteln, gefüllt mit Walnüssen, Mandeln oder Marzipan sind in Marokko als Desserts oder süße Snacks sehr beliebt. In Orangensirup mit einem Hauch Zimt sind sie köstlicher Abschluss eines Menüs.

4–6 PORTIONEN

450 g weiche Trockenpflaumen ohne Kern
225 g Walnusskerne
2 Orangen, Saft, frisch gepresst
1–2 EL Orangenblütenwasser
4 EL Zucker
1–2 TL Zimtpulver

- In die Pflaumen mit einem scharfen Messer Taschen schneiden und mit je einem Walnusskern füllen. In einem Schmortopf mit dickem Boden oder einer Tajine mit Orangensaft und Orangenblütenwasser begießen und mit Zucker bestreuen. Deckel auflegen und bei schwacher Hitze etwa 20 Minuten köcheln, dabei gelegentlich mit dem Saft beträufeln.
- Mit Zimt bestäuben und heiß oder bei Zimmertemperatur servieren.

GAZELLENHÖRNCHEN
KAAB EL GHZAL

25–30 STÜCK

FÜLLUNG

300 g Mandelmehl
300 g feiner Zucker oder Puderzucker
2 Eier
3–4 EL Orangenblütenwasser
1 TL Zimtpulver
etwas Sonnenblumenöl zum Bestreichen

TEIG

250 g Weizenmehl (Type 405) + etwas Mehl zum Bestäuben
1 Prise Salz
2 EL Sonnenblumenöl
75 ml Orangenblütenwasser
kaltes Wasser
Puderzucker zum Bestäuben

Wie Mondsicheln geformt haben diese Hörnchen eine entfernte Ähnlichkeit mit den Hörnern der bedrohten Gazellenart, die im Atlasgebirge lebt, daher der Name. Traditionell werden Gäste mit diesen meist kunstvoll verzierten Köstlichkeiten und einem Glas Minztee oder einem kalten Drink, beispielsweise Mandelmilch (Seite 233), bewirtet.

- Zutaten für die Füllung von Hand zu einer festen Paste verarbeiten und 25–30 etwa 8 cm lange Röllchen daraus formen. Mit etwas Öl bestreichen und abdecken, so trocknen sie nicht aus.

- Durchgesiebtes Mehl und Salz für den Teig in eine Schüssel füllen. In die Mitte Öl und Orangenblütenwasser gießen, von Hand einkneten. Kaltes Wasser in kleinen Mengen dazugeben und einkneten, bis sich ein sehr fester Teig bildet. Noch ein paar Minuten gut durchkneten, abgedeckt 30 Minuten ruhen lassen. Teigportionen als Rechteck auf einer bemehlten Arbeitsfläche maximal 2 mm dick ausrollen (oder mit einer Nudelmaschine). Mandelröllchen im Abstand von 2 cm nebeneinander darauflegen, den Teig darüber klappen und gut aufeinanderdrücken. Luft mit den Fingern ausstreichen und dabei Sicheln formen. Mit einem Teigroller ausschneiden, einige Male mit einer Nadel einstechen, damit Dampf beim Backen entweichen kann.

- Hörnchen auf einem mit Backpapier ausgelegten Backblech über Nacht trocknen lassen. Am nächsten Tag im auf 160 °C vorgeheizten Ofen etwa 20 Minuten hell backen. Auf ein Kuchengitter setzen, etwas abkühlen lassen und mit Puderzucker bestäuben, solange sie noch warm sind. Ofenwarm oder bei Zimmertemperatur servieren.

M'HANCHA · FESTLICHES MANDELGEBÄCK

8–10 PORTIONEN

Aus dem Arabischen übersetzt heißt M'hancha Schlange und dieses umwerfende Gebäck ist wie eine zusammengerollte Schlange geformt. Es ist knusprig, butterig und verbirgt in Inneren eine exquisite Mandelfüllung. Zu festlichen Anlässen wird es mit einem Glas Minztee (Seite 230) oder Mandelmilch (Seite 233) angeboten.

FÜLLUNG

350 g Mandelmehl
225 g feiner Zucker
50 g Puderzucker
1 EL Zimtpulver
100 ml Orangenblütenwasser, nach Bedarf mehr

TEIG

125 g Filoteig (5–6 Blätter à 25 cm Ø)
60 g Butter, geschmolzen
1 Eigelb, mit 1 EL Wasser verquirlt
2–3 EL Puderzucker
2 TL Zimtpulver

- Backofen auf 180 °C vorheizen. Alle Zutaten für die Füllung in einer Schüssel von Hand zu einer ziemlich festen Masse verarbeiten. Diese Stück für Stück zu ca. 8 cm langen und 1 ½ cm dicken Rollen formen. Abgedeckt im Kühlschrank etwa eine halbe Stunde ziehen lassen.

- Eine runde Backform oder ein ausreichend breites Backblech mit Backpapier auskleiden. Filoteigblätter neben der Arbeitsfläche übereinander stapeln und mit einem feuchten Küchentuch abdecken. Legen Sie das erste Filoblatt – lange Seite Ihnen zugewandt – auf die Arbeitsplatte, bestreichen Sie es mit etwas geschmolzener Butter und legen Sie die Mandelrollen der Länge nach auf den unteren Teigrand. Teigblatt mit Füllung aufrollen, Rolle an den Enden einschlagen. Zu einer engen Schnecke geformt in die Mitte einer Kuchenform legen.

- Teigblätter nacheinander auf diese Weise aufrollen und schneckenförmig in die Backform oder aufs Blech legen, so dass am Schluss eine eng eingerollte Schlange entsteht. Oberfläche mit der Eigelb-Wasser-Mischung bestreichen und im Ofen auf der mittleren Schiene 30–35 Minuten hellbraun backen.

- Aus dem Ofen nehmen, mit Puderzucker bestäuben und das Zimtpulver zwischen Daumen und Zeigefinger in Linien wie Radspeichen von der Mitte zum Rand streuen. Ofenwarm oder bei Zimmertemperatur servieren.

BAGHRIR · GRIESSPFANNKUCHEN MIT KOMPOTT

4–6 PORTIONEN

TROCKENFRÜCHTE-KOMPOTT

250 g getrocknete Aprikosen
250 g Trockenpflaumen ohne Kern
125 g Rosinen
125 g Mandeln, blanchiert und Haut abgezogen
175 g feiner Zucker
2–3 EL Orangenblütenwasser
1–2 Zimtstangen

PFANNKUCHEN

15 g Frischhefe
125 ml lauwarmes Wasser
225 g feiner Grieß
250 g Weizenmehl (Type 405)
½ TL Meersalz
2 Eier
125 ml lauwarme Milch
Sonnenblumenöl zum Braten
50 g Butter
200 ml Honig

Baghrir heißen diese luftig-leichten Crêpes, die in Marokko zum Frühstück sehr beliebt sind. Sie haben zwei Seiten: eine glatte und eine mit vielen Luftblasen. Sie schmecken fantastisch mit Honig oder Butter bestrichen oder mit Zucker und Zimt bestreut.

- Zwei Tage vorher: Trockenfrüchte und Mandeln in einer Schüssel mit Wasser bedecken. Langsam den Zucker einrühren, zuletzt Orangenblütenwasser und Zimt dazugeben. Abgedeckt 48 Stunden im Kühlschrank ruhen lassen. Dabei verwandelt sich die Flüssigkeit in einen goldfarbenen Sirup.

- Hefe mit dem Wasser verrühren und warm stellen, bis sie schäumt. Inzwischen Grieß und Mehl in eine Schüssel sieben und salzen, in die Mitte eine Kuhle drücken. Eier mit Milch verquirlen und in die Kuhle gießen, Hefe dazurühren. Grieß und Mehl vom äußeren Rand unterziehen und alles kräftig zu einem luftigen, weichen Teig aufschlagen. Mit einem Tuch abdecken und an einem warmen Ort mindestens zwei Stunden gehen lassen.

- Wenig Bratfett in einer kleinen beschichteten Pfanne sanft erhitzen, eine kleine Kelle Teig in die Mitte geben und auf 12–14 cm ∅ ausstreichen. Pfannkuchen bei nicht zu starker Hitze nur von einer Seite braten, bis die Oberfläche trocken ist und kleine Löcher zeigt. Auf eine vorgewärmte Platte legen und im Backofen warm halten, bis alle Pfannkuchen gebacken sind.

- Butter schmelzen und Honig separat erhitzen. Pfannkuchen mit Butter beträufeln, Honig und Kompott dazu servieren.

MAHALABIA · MILCHPUDDING MIT ROSENWASSER

4-6 PORTIONEN

60-70 g Reismehl
1 l Voll- oder Halbfettmilch
125 g feiner Zucker
2-3 EL Rosenwasser
1-2 EL Puderzucker

Die Araber verbreiteten diesen leichten, seidigen Pudding in ganz Nordafrika und dem Mittleren Osten. Er kommt oft an religiösen Festtagen auf den Tisch, wird mit Rosen- oder Orangenblütenwasser aromatisiert und großzügig mit Puderzucker überzogen.

- In einer kleinen Schüssel Reismehl mit etwas Milch zu einer glatten Creme verrühren. Restliche Milch und Zucker in einem Topf mit dickem Boden unter ständigem Rühren aufkochen, bis der Zucker aufgelöst ist. Hitze reduzieren und 1-2 EL Milch in die Reiscreme rühren. Mischung in die Milch einrühren, ständig weiter rühren, damit sich keine Klümpchen bilden, und wieder aufkochen. Rosenwasser dazugeben und bei schwacher Hitze noch 20-25 Minuten sanft köcheln. Dabei immer wieder umrühren, bis die Masse dick wird und am Löffel hängen bleibt.
- In eine große oder in vier bis sechs Portionsschalen füllen und abkühlen lassen. Dabei soll sich an der Oberfläche eine Haut bilden. Abgedeckt im Kühlschrank kalt stellen und vor dem Servieren mit Puderzucker bestäuben.

AROMATISCHE BABY-AUBERGINEN
IN SIRUP

In Nordafrika und im Mittleren Osten sind kandierte Früchte und Gemüse eine beliebte Nascherei. Die Palette reicht von Melonenstücken über Kirschtomaten, Karotten, Quitten, Grapefruitschalen, Zitronen, Süßkartoffeln, Zucchini oder wie im folgenden Rezept bis zu Baby-Auberginen. Diese Süßigkeiten als Nachtisch mit einem Glas Minztee (Seite 230) servieren.

4 PORTIONEN

8–12 feste Baby-Auberginen mit Stiel
225 ml Wasser
450 g Zucker (1 EL beiseitestellen)
1 Zitrone, Saft, frisch gepresst
25 g frischer Ingwer, geschält und in dünne Scheiben geschnitten
2 Zimtstangen
6 Kardamomkapseln
2 Macis (Muskatblüte)
1–2 Mastixkugeln (Harz der Mastix-Pistazienbäume, z. B. im Gewürzfachhandel oder im griechischen Lebensmittelladen)

- Auberginen mit einer Gabel einstechen, im Dampfgarer 15 Minuten dämpfen. Anschließend abtropfen und abkühlen lassen.
- In der Zwischenzeit Wasser, Zucker und Zitronensaft in einen Schmortopf geben. Unter ständigem Rühren aufkochen, bis sich der Zucker aufgelöst hat. Ingwer und Gewürze hinzufügen, Hitze reduzieren und zehn Minuten zu einem dickflüssigen Sirup einkochen. Mastix im Mörser zu Pulver zerstoßen und mit dem restlichen Zucker in den Sirup einrühren.
- Auberginen behutsam ausdrücken, um überschüssiges Wasser zu entfernen. Bei geringer Hitze im halb abgedeckten Topf etwa eine Stunde im Sirup ziehen lassen. Darauf achten, dass der Sirup nicht am Topfboden anbrennt und die Auberginen immer davon bedeckt sind.
- Topf vom Herd nehmen, Auberginen im Sirup abkühlen lassen. Zum Servieren Auberginen mit einem Schaumlöffel aus dem Topf heben. In einer Schale mit den Stielen nach oben anrichten. Sirup filtern und darüber träufeln. Alternativ die Auberginen im gefilterten Sirup in ein sterilisiertes Einmachglas füllen und gut verschließen. So halten sie sich mehrere Monate.

FRISCHE FEIGEN MIT WALNÜSSEN UND HONIG

4 PORTIONEN

4 EL Walnusskerne
8 frische, reife Feigen
4–5 EL klarer, flüssiger Blütenhonig

Feigen gelten als verdauungsfördernd, daher werden sie gerne erntefrisch am Ende eines Menüs serviert. Zusätzliche Süße verleiht ihnen aromatischer Blütenhonig, den es in zahlreichen Versionen gibt, beispielsweise mit Thymian, Lavendel oder als „mille fleurs" (mit 1.000 Blüten).

- Backofen auf 160 °C vorheizen.
- Walnusskerne auf einem Backblech im vorgeheizten Ofen rösten, bis sie einen nussigen Duft ausströmen und etwas dunkler werden. Im Mörser grob zerkleinern.
- Feigen mit einem scharfen Messer der Länge nach in Viertel teilen, sie sollten unten noch zusammenhängen und sich wie eine Blüte öffnen. Mit Honig beträufeln und mit den gerösteten Walnüssen bestreuen. Sofort servieren.

8 PORTIONEN

3 Eier, getrennt
85 g feiner Zucker
60 ml saure Sahne / Sauerrahm
1 ½ EL Maismehl
250 g Naturjoghurt
1 Bio-Zitrone, Schalenabrieb und Saft, frisch gepresst
1–2 Tropfen Vanilleextrakt
25 g ungesalzene Pistazienkerne, klein gehackt

1 mittelgroße Auflaufform

CREMIGER PISTAZIEN-KUCHEN

Pistazienkerne bereichern viele Desserts der nordafrikanischen Küche. Im folgenden Rezept harmonieren ihre klein gehackten Kerne wunderbar mit der samtigen Süße des Kuchens. Ähnlich wie einen Cheesecake serviert man diesen Kuchen kalt aus dem Kühlschrank.

- Eigelbe mit 60 g Zucker in einer großen Schüssel einige Minuten kräftig rühren, bis sie dickflüssig und hell werden. Separat saure Sahne gründlich mit Mehl verquirlen, dann Joghurt, Zitronenabrieb und Saft unterrühren und mit Vanilleextrakt abschmecken. Mit der Eigelbmasse vermischen.
- Backofen auf 175 °C vorheizen.
- In einer anderen, großen und fettfreien Schüssel Eiweiß zu sehr festem Schnee schlagen, restlichen Zucker langsam einrieseln lassen. Joghurtmischung vorsichtig unter den Eischnee heben und in eine Auflaufform füllen.
- Form in die Fettpfanne stellen und diese bis auf halbe Höhe der Auflaufform mit kaltem Wasser füllen. Im Wasserbad im vorgeheizten Backofen 20 Minuten stocken lassen. Kurz aus dem Ofen nehmen, mit den Pistazien bestreuen und weitere 15–20 Minuten im Backofen goldbraun backen, bis die Oberfläche des Kuchens druckfest ist.
- Aus dem Ofen nehmen, abkühlen lassen und im Kühlschrank kaltstellen.

TIPP Noch lockerer wird der Kuchen mit einer Prise Backpulver im Mehl.

HONIG-COUSCOUS
MIT FRISCHEN FEIGEN UND ROSEN-CREME

Süßer Couscous ist in Marokko ein beliebter Snack, kann aber auch ein nahrhaftes Frühstück oder sehr sättigendes Dessert sein, wenn man es mit Trockenfrüchten, Honig und Sahne anreichert.

4 PORTIONEN

140 g Original Couscous*
1 EL Butter
2 EL Honig
½ TL Zimtpulver
4–6 frische Feigen, halbiert
1 TL feiner Zucker
125 ml Crème double
2 EL brauner Zucker
½ TL Rosenwasser

- Couscous in eine feuerfeste Schüssel geben.
- Butter, Honig, Zimt und 125 ml Wasser in einem kleinen Topf aufkochen, über den Couscous gießen und rasch gut verrühren. Abdecken und zehn Minuten ziehen lassen. Gründlich mit einer Gabel alle Körnchen in der Schüssel auflockern, auch die am Schüsselboden. Weiter fünf bis zehn Minuten ruhen und abkühlen lassen. Couscous mit den Fingern auflockern, zusammengeklebte Körner trennen und die Masse gut durchlüften.
- Backofengrill auf eine hohe Temperatur vorheizen. Feinen Zucker auf die Schnittflächen der Feigen streuen, unter dem Grill goldbraun karamellisieren und Feigen leicht garen.
- Crème double, braunen Zucker und Rosenwasser verrühren.
- Couscous in Portionsschalen oder in eine Servierschüssel geben. Feigenhälften darauf anrichten, Rosenwassercreme darauf verteilen und sofort servieren.

* *Instant-Couscous, siehe Seite 105*

DATTELKONFEKT
MIT PISTAZIEN, KOKOS UND HONIG

6–8 PORTIONEN

250 g ungesalzene Pistazienkerne
250 g saftige Datteln ohne Stein, grob gehackt
2 TL Zimtpulver
2 TL Orangenblütenwasser
1 EL flüssiger Honig
200 g Kokosflocken

Für das Nomadenvolk der Berber sind Datteln ein unentbehrliches Nahrungsmittel. Man findet sie in traditionellen Gerichten wie Lamm-Tajines, Couscous und anderen, in diesem Buch vorgestellten Rezepten und natürlich auch in Süßigkeiten wie diesen Dattel-Pralinen. Gästen werden sie gerne als kleine Delikatesse mit einem Glas Minztee (Seite 230) gereicht.

- Pistazien ohne Fett in einer kleinen Pfanne rösten, bis sie aromatisch duften. In einem Mörser oder Mixer grob zermahlen.
- Datteln und Zimt dazugeben, alles zu einer festen Paste verarbeiten. Dabei nach und nach Rosenwasser und Honig untermischen.
- Paste mit angefeuchteten Fingern zwischen den Handflächen zu kirschgroßen Kugeln rollen. Kokosflocken auf einen Teller streuen und Dattelkonfekt darin wälzen.
- Bis zum Verzehr luftdicht verschlossen im Kühlschrank aufbewahren. Dort hält sich das Dattelkonfekt etwa eine Woche. Konfekt auf Zimmertemperatur mit traditionellem Minztee (Seite 230) servieren.

WEICHE NOUGATCREME MIT PISTAZIEN

8–10 PORTIONEN

300 g ungesalzene Pistazienkerne
300 ml Wasser
900 g feiner Zucker
1–2 Mastixkugeln (Seite 218)
2 Zitronen, Saft, frisch gepresst
4 Eiweiß
2 EL Pistazienkerne, fein gemahlen, nach Geschmack

In nordafrikanischen Souks gibt es die verschiedensten Nougats: weiche und harte, mit Sesamsaat, Sonnenblumen- oder Kürbiskernen, Erdnüssen, Mandeln, Pistazien und vielem mehr. Dieses Rezept ist dank Mastix kauelastisch und leicht harzig. Es wird in jüdischen Haushalten bevorzugt zum Ende des Pessach (Osterwoche) serviert. Außerdem ist es in ganz Marokko bei Kindern außerordentlich beliebt.

- Pistazienkerne in einer schweren gusseisernen Pfanne oder auf dem Backblech rösten, bis sie einen nussigen Duft verströmen. Im Mörser oder Mixer grob zerkleinern.
- In einem Topf mit dickem Boden Wasser mit Zucker (1 TL Zucker zurück behalten) unter ständigem Rühren kochen, bis der Zucker vollständig aufgelöst ist. Hitze reduzieren und etwa zehn Minuten köcheln, bis der Sirup dick und transparent ist und an einem eingetauchten Holzlöffel hängen bleibt.
- Mastix im Mörser mit dem Zuckerrest zermahlen, mit Zitronensaft zum Sirup geben. Vom Herd nehmen und unter ständigem Rühren auf Körpertemperatur abkühlen lassen.
- Eiweiß in einer Schüssel sehr steif schlagen und den Schnee löffelweise in den warmen Sirup einrühren. Zurück auf dem Herd bei sehr schwacher Hitze fünf Minuten weiter rühren, dabei allmählich die gemörserten Pistazien dazugeben. Darauf achten, dass sie sich gleichmäßig in der Masse verteilen. Alles in einer Servierschüssel oder in Portionsschalen leicht abkühlen lassen, mit den gemahlenen Pistazien bestreuen und lauwarm oder bei Zimmertemperatur servieren.

1 KANNE: 4–6 GLÄSER

1–1 ½ EL Gunpowder (chinesischer grüner Tee)
ca. 12 Rohrohrzuckerwürfel
1 große Handvoll frische Minze (Nana- oder Marokkanische Minze)

MAROKKANISCHER MINZTEE

- Teekanne mit kochend heißem Wasser ausspülen, um sie vorzuwärmen. Tee und die Hälfte des Zuckers in die Kanne geben, mit etwas kochendem Wasser aufgießen, um die Teeblätter einzuweichen.
- Minze so zurecht schneiden (harte Stielenden entfernen), dass sie sich vollständig in die Teekanne füllen lässt. Restlichen Zucker dazugeben und die Kanne bis zum Rand mit kochendem Wasser aufgießen. Teekanne mit einem Teekannenwärmer umhüllen oder über einem Stövchen warm halten, damit sich der Zucker auflösen und der Tee etwa fünf Minuten ziehen kann.
- Etwas Tee in ein Glas einschenken, sofort wieder zurück in die Teekanne gießen. Den Vorgang mehrmals wiederholen, damit sich die Aromen des Grüntees mit denen der Minze mischen. Vier bis sechs Gläser auf den Tisch stellen und während des Einschenkens die Kanne immer höher heben, damit Luft an den Tee kommt und sich etwas Schaum auf der Oberfläche bildet. Wer möchte, kann zusätzlich noch frische Minzestängel in die Gläser geben.
- Heiß mit marokkanischem Gebäck oder Süßigkeiten servieren.

***Atay bi nana** beziehungsweise Minztee wird als marokkanisches Nationalgetränk immer und überall getrunken – ob daheim, in Cafés und Restaurants, auf dem Markt, während einer Mahlzeit und zum Abschluss eines Mahls. Der süße Tee (Sie können den Grad der Süße dem eigenen Geschmack anpassen) wird meist aus kleinen, hübsch verzierten Gläsern getrunken, die teilweise in kleinen Haltern stecken. Das Eingießen wird entsprechend zelebriert und die Kanne beim Einschenken zunächst dicht über das Glas gehalten, dann hoch in die Luft gezogen, damit sich auf der Oberfläche des eingeschenkten Tees ein wenig Schaum bildet. Der traditionelle Minztee, für den frische Minzeblätter mit ihren Stielen aufgegossen werden, schmeckt herrlich erfrischend und regt nach einem üppigen Mahl die Verdauung an. Wer will, kann den Tee auch mit Zitronenverbene (**louiza**) oder Wermut (**sheeba**) variieren.*

MANDELMILCH

4 PORTIONEN

250 g Mandeln, blanchiert und Haut abgezogen
125 g feiner Zucker
600 ml Wasser
1–2 EL Orangenblütenwasser
Rosenblütenblätter, Orangenzesten oder Zimtpulver

Ein klassischer Drink in Nordafrika und im Mittleren Osten. Gekühlt ist er an heißen Tagen erfrischend und gleichzeitig nahrhaft. Traditionell wird die „Milch" nur aus Mandeln gewonnen, modernere Rezepte verlängern sie oft mit Kuhmilch. In Marokko gibt man gerne Orangenblütenwasser oder eine frische Orangenschale dazu, um den Geschmack blumig-fruchtig zu machen, und obenauf streut man Rosenblütenblätter.

- Im Mörser oder Mixer die Mandeln mit der halben Zuckermenge zu einer weichen Paste verarbeiten. Ein paar Spritzer Wasser dazugeben, falls sie zu fest wird.
- Wasser mit dem übrigen Zucker in einem Topf mit dickem Boden aufkochen, bis der Zucker sich aufgelöst hat. Mandelpaste einrühren und fünf Minuten köcheln.
- Vom Herd nehmen, Orangenblütenwasser zugießen und abkühlen lassen, damit die Aromen Zeit haben, sich zu verbinden. Abgekühlt durch ein Käseleinen (Baumwolltuch) oder feines Plastiksieb in einen Krug gießen (kein Metallsieb verwenden, weil es die Aromen und die Mandelfarbe verdirbt). Mandelmasse am besten im Tuch von Hand gründlich auspressen.
- Mandelmilch im Kühlschrank abkühlen lassen, vor dem Servieren umrühren und in Gläser auf Eiswürfel gießen. Oder die Gläser vorher im Gefrierfach frosten. Mit Rosenblütenblättern oder feinen Orangenzesten oder einer Prise Zimtpulver dekorieren.

TIPP **Alternativ lässt sich die Mandelmilch auch zuckerfrei süßen. Dazu 100 g Datteln mit den Mandeln im Wasser ca. zwei Stunden einweichen. Im Mixer zu einer glatten Milch aufmixen und wie oben beschrieben absieben. Die Milch wird dadurch etwas dunkler.**

ORANGENBLÜTEN-COCKTAIL

Alkohol wird aufgrund des im Land verbreiteten islamischen Glaubens in Marokko selten serviert, obwohl dort guter Wein produziert wird. Orangen und Zitronen sind überall in Nordafrika verbreitet und werden daher für viele Gerichte verwendet. Orangenblütenwasser ist wegen seines Aromas in der marokkanischen Küche sehr beliebt. Warum also nicht aus beidem einen erfrischen Cocktail kreieren?

5 GLÄSER

400 ml Orangen- oder Zitronen-Wodka
etwas Zitronensaft, frisch gepresst
etwas Orangensaft, frisch gepresst
1–2 Tropfen Orangenblütenwasser
40 ml Aprikosennektar
50 ml naturtrüber Apfelsaft
Orangenscheiben als Garnitur

- Alle Zutaten im Shaker auf Eis gut vermischen. In marokkanischen Teegläsern oder Bechergläsern (Tumbler) servieren.

ALKOHOLFREIE VARIANTE Anstelle des Wodkas frisch gepressten Orangensaft und etwas Orangen-Bitter verwenden.

REZEPTVERZEICHNIS